U0129345

中晚清經說疏論

曾聖益 著

文史哲學集成
文史哲出版社印行

國家圖書館出版品預行編目資料

中晚清經說疏論 / 曾聖益著. -- 初版 -- 臺北
市：文史哲出版社, 民 112.01
　　頁；　公分（文史哲學集成；749）
ISBN 978-986-314-629-2（平裝）

1.CST：經學　2.CST：經書　3.CST：清代
4.CST：文集

090.97　　　　　　　　　　　112000523

文史哲學集成　749

中晚清經說疏論

著　　　者：曾　　　聖　　　益
出 版 者：文　史　哲　出　版　社
　　　　　http://www.lapen.com.tw
　　　　　e-mail：lapen@ms74.hinet.net
登記證字號：行政院新聞局版臺業字五三三七號
發 行 人：彭　　　正　　　雄
發 行 所：文　史　哲　出　版　社
印 刷 者：文　史　哲　出　版　社
臺北市羅斯福路一段七十二巷四號
郵政劃撥帳號：一六一八〇一七五
電話886-2-23511028・傳真886-2-23965656

定價新臺幣三六〇元

二〇二三年（民一一二）一月初版

摘　要

　　本書以清代中晚期之經學著述問題為探討核心，內容前起《四庫全書總目》對清初學術評價，終於晚清禮學館對禮制改變的主張，其中涉及之問題以三《禮》及《春秋》經傳為主。

　　晚清學者身處以考據風格為主流之學術環境，但對西方近代文化思潮進入中國之情況，無法避之不談與視而不見。學者一方面效法西學，力圖自強，在工業軍事上，頗見成效。但在政治風氣及行事表現上，則相對保守，中西文化之衝突，難以調和，亦顯而易見。因此在學術論述上，既有篤守考據漢學之論述，以此維護國族傳統者，亦有因應世局變化而倡議改革者，力圖從制度變革中，維繫國家與文化之續存。

　　本書包含十篇論述，論述範圍包含二大部分，一是學術流變，包含《四庫全書總目》對清初學術評論、揚州學術風格問題。二是《禮》與《春秋》相關問題，內容既涉及《周禮》鄭注、禮學應用及禮制變革問題，亦闡釋《春秋》記載之日月問題與其經文寓意，頗具經世意義。

關鍵字：晚清　周禮　禮記　春秋　禮學館　揚州
　　　　　四庫全書總目

Research on Confucian classics in the middle and late Qing Dynasty

Abstract

This book contains 10 philology-related papers recently studied by the author, and focuses on the writings of Confucian classics in the middle and late Qing Dynasty. The content begins with the academic evaluation of the early Qing Dynasty in the G "Siku Quanshu Zongmu", and ends with the proposal of the Rites Academy in the late Qing Dynasty on the change of the ritual system. The issues involved are divided into　"Tree Li" and "Spring and Autumn" are the main scriptures.

This book contains ten papers, and the discussion includes two parts. The first, including "Siku Quanshu Zongmu" on the early Qing academic commentary and Yangzhou academic style. The second , about issues related to "Tree Li" and "Spring and Autumn", which not only involves the "Zhou Li Zheng Zhu", the application of rites, and the reform of the ritual system, but also explains the significance of the sun and the moon recorded in "Spring and Autumn" and the scriptures. Practical significance.

Key Words

late Qing Dynasty, Tree Li, Spring and Autumn, Li academy, Siku Quanshu Zongmu .

序 言

　　中國歷代王朝及帝王，未有如清代般勤奮蒐羅文獻，修纂典籍者，此風氣之興起，《清儒學案》之編纂者歸功於康熙帝之聰穎勤奮，崇尚性理，雅好文學，且鑽研西方傳入之數理天學，故開創博雅深邃學術風氣。此風氣在雍正乾隆朝後，學者各取一端，逐漸形成漢宋學二種學術風格，直至清代結束。

　　康熙朝崇敬朱熹，推崇性理之學，然此風氣在乾隆朝纂修《四庫全書》後有大幅轉變，以東漢訓詁學為基礎之考據學成為學術主流，西漢強調微言大義之今文學，前有劉逢祿等人，後有康有為提倡，然終非學術主流，義理學中陽明心學傳習者不如程朱理學，程朱理學在清代學術發展中雖不如考據學，然亦與清朝相始終，至今仍多崇仰程朱學說者。

　　本論文集所探討內容從《四庫全書總目》開始，〈清初學術總評：《四庫全書總目》的觀察角度〉就《四庫全書總目》著錄清初典籍及作者之評價角度著手，即是就《四庫》館臣對清初學術之省視，探討清代學發展趨勢。

　　《四庫全書》與《四庫全書總目》之修撰將考據學推向高峰，此此趨勢在乾嘉時期極盛，之後學者應用此方式進行學術考述幾乎成為固定模式，揚州因漕運之故，商工文教興盛，聚集各地學者，在乾嘉之後，道光、咸豐年間仍聚集一批學者，直至太平天國事起。

　　「揚州學派」之名稱，自清代即有之，惟其學術特色與代表人物，並未有定稱，故亦不受時人所重視。近年來，因清代史之研究方興未艾，清代學術發展與流變亦備受關注，「揚州學派」即為其關注主題之一。〈清中葉以後之「揚州學派」別議〉主要從「揚州學術」之代表人物及學風特色二方面著手，歸納民國以來代表性論述，針對其說提出若干辨析與思考，主要認為今人所倡言之「揚州學派」，實難以成立。

　　清代揚州學者名家輩出，然治《周禮》者不多見，許珩《周禮經注節鈔》及《周禮注疏獻疑》二書，糾舉鄭玄《注》及賈公彥《疏》之失，頗受阮元、江藩之讚譽，可視為揚州學者治《周禮》之代表成就，惟其刊本少見流傳，學者多未能得見，〈許珩《周禮》學論析〉揭櫫其論述要旨。

　　郭嵩燾（1818-1891）是傳統教育之經生儒士，早年學習桐城文法，推崇朱熹，研究心性義理。中進士後居喪在鄉，因逢太平軍起，遂投入曾國藩幕府，為湘軍籌餉建水師。後雖入翰林院，值南書房，但其主要政績在於協辦天津海防，清查山東稅務，均與經濟實業相關。

　　《清儒學案》稱其：「始宗晦庵，後致力於考據訓詁。治經先玩本文，采漢、宋諸說以求義之可通。博學慎思，歸於至當，初不囿於一家之言，故能溫故而知新，明體以達用。」於其治經歷程及思想，頗得旨要，然對其思想在仕途及外交事務上之作為，則略而未及。

　　前人研究郭嵩燾之思想及成就，多在從政、洋務及外交方面，而於其經學思想之論述與闡發，則略有不足，〈郭嵩燾的經學思想與經世實踐〉以其經學著作為核心，並輔以日記及詩文集等書，一方面探究郭嵩燾以禮教為核心之經學思想，一方面探討其思想論述在晚清經學發展之意義；並以此為基礎，考察其參與洋務運動之基本精神及各種作為之思想意涵。

　　本書第三篇〈李滋然《周禮古學考》考訂《周禮》諸說述評〉論述晚清學者李滋然（1847-1921）之《周禮古學考》。李滋然四川長壽縣人（今屬重慶市），光緒十五年（1889）進士，歷任廣東電白、揭揚等縣知縣。民國後以亡國大夫自任，削髮為僧，號曰采薇。其自云「學宗許、鄭，行法程、朱」，出家為僧則是為「支撐名教，揙拄綱常」，蓋師法明末遺民。張鋆衡〈李滋然墓表并銘〉稱其「自鄭、許入手，以端其基，歷治訓故考據、掌故詞章，放之極於經世之學。溯其淵源，方之閻若璩、戴震、惠士奇諸先儒無多讓焉；推之程、朱，以闡其理而盡其用，則又陸桴亭、陳確庵之選也。特以忠裔遺孤，志氣卓越，又與李二曲、孫夏峰諸子為近」，

此兼論學德操，足見李滋然「漢學為本，宋學為用」之立身行宜及學術觀點。

以上三篇禮學論述，既是乾嘉學術之發揮與運用，而《春秋》與《三禮》之關係，三《傳》皆重視，范寧《穀梁傳・序》稱「《穀梁》善於禮」，孔穎達《左傳正義・序》稱「盟會協於禮，興動順其節，失則貶其惡，得則褒其善」，可見《穀梁傳》與《左傳》學者皆以禮作為《春秋》褒貶之依據。

乾嘉學者抨擊杜預《左傳》注及孔穎達《左傳正義》最重要之理由，在於杜預、孔穎達對《左傳》禮文之闡釋過於疏略，且認為其中並無褒貶意含，故《左傳》僅是一部記載事件本末之史書，可用以補充《春秋》記載，卻無法彰顯孔子思想，因此《左傳》之經學價值亦大為降低。

杜注孔疏既無法彰顯《左傳》之經學價值，清儒試圖就禮義制度著手，強調「以禮釋《春秋》」之重要性，並以為由此方能理解《左傳》之釋經方法，此觀點創發自清初之毛奇齡、萬斯大，歷經清中葉之李貽德、沈欽韓、劉文淇各家，以至清末之章炳麟、劉師培，皆依此原則闡發闡述《左傳》之褒貶寓意。《左傳》記載之禮儀形式，既成為考察孔子《春秋》思想之重要依據，則專門闡述《左傳》禮文之著作，在清代中晚期探討《春秋》或是《左傳》著作中，自是佔有一定之地位，本書〈晚清《左傳》禮說〉一篇探究各家論說之流變。

　　《春秋》與禮義問題，兼有考據與義理諸多面向，然曆法問題，則因經、傳諸多牴牾，難以確知，但記年時月日，在《公羊傳》及《穀梁傳》中賦予特殊之褒貶意義，杜預、孔穎達均認為日月無褒貶義，其日與不日乃史家詳略或缺失所致，故杜預另作《春秋長曆》以明《春秋》記載之闕漏。杜預《長曆》之得失唐以下多所補正者，清代治曆名家陳厚耀、顧棟高等則以書為基礎，輔以日至、正月朔等編制《春秋》二百四十年間曆日。

　　近人楊伯峻《春秋左傳注》於《春秋》日食、朔日均記載其西元曆日，然其推算與陳厚耀、顧棟高殊異，且建朔之說亦異於前人，以王韜《春秋朔閏至日考》及《春秋日食辨正》，知其以王韜為本，而採西洋天文學史記載之日食證之，非以推步為主。此方法王韜發其前，而後人發之而益密。近古代曆法朔閏表，涉及《春秋》者，無不依循王韜之方法，〈王韜《春秋》學與春秋曆法簡議〉闡述王韜曆法諸說要義。

　　晚清之禮制變革，是傳統社會現代化之一環，自鴉片戰爭（1840）後，西方文化進入中國已成為無法阻撓之趨勢，清廷為了回應時代及維新變法者，於光緒二十七年（1901）下詔變法，派遣五大臣出國考察，至光緒三十三年，朝廷及地方均積極準備立憲之政治改革運動。

　　與憲政改革同時進行者，另有禮制改革，清光緒三十二年（1906）禮部下設禮學館，與憲政館相呼應，作為推動政治文化改革之主要機構，其主事者曹元忠

（1865-1923）、曹元弼（1867-1953）、張錫恭（1958-1924）
等人，除曹元弼外學界鮮知其行跡，然近代著名之禮學
研究者，多受其影響，如錢仲聯（1908-2003）、沈文倬
等禮學名家，皆出曹元弼門下，文獻學家王大隆（欣夫，
1901-1966）則受學於曹元忠、曹元弼及張錫恭，故曹氏
被視為民國以來研究禮學之重要代表人物。

　　曹元忠、曹元弼兄弟及張錫恭皆為黃以周之弟子，
三人同時參與晚清廷禮儀修訂工作，既在禮學觀點上有
許多相同之處，同時也是將積極想在禮儀變易中賦予新
含義，以適應世界變化，在晚清民初精研禮學之學者中，
極具代表性。本書〈晚清禮學館之設置與編纂人員考〉
及〈晚清民初的復禮主張：曹元弼、曹元忠與張錫恭禮
說要義〉既考論禮學館之人員，亦探討其中主要人物之
禮學思想。

　　晚清民初數十年間，是我國亙古以來未有之巨變時
代，不僅國家命運發生前所未有之變化，文化思想也異
於傳統發展。自鴉片戰爭開始，西方世界隨著堅船利炮
而至者，不僅是武器科技，更有文化宗教，其影響所及，
幾乎徹底改變中國傳統文化。

　　傳統經學之發展隨著中國最後一個王朝結束與民國
政府成立，有著重要轉變。作為學術核心而盛行之考據
學或深入人心之義理學，均隨清代政府更替而逐漸衰
落。禮學研究，在民初雖盛行一時，但隨現代宗教文化
及應對習俗之轉變，禮儀無復古之可能，禮制改革中因

襲傳統亦極其有限，但禮學仍是理解社會制度及人倫行
誼模式最重要之依據，在學術文化上探究上仍具價值，
值得繼續深入考察論析。

本書集結個人近年從事清代學術論述之淺見，與前
著《崇實經世：清初學術思想芻論》接續，是個人進入
學術領域後，著力研究之範圍，其中除序言、結論外，
部份篇章係根據已發表於學報及學術研討會之論文修訂
而成，感謝諸位審查委員及與會學者之指導與提示。但
筆者外務繁瑣，無暇兼顧，論文修訂未臻人意，尚多疏
漏，望方家續予指導。

中晚清經說疏論

目　次

摘　要 ……………………………………………………… 1

Research on Confucian classics in the middle and

late Qing Dynasty …………………………………………… 3

序　言 ……………………………………………………… 5

壹、清初學術總評《四庫全書總目》的觀察角度 …………… 1

　一、前　言 ………………………………………………… 1

　二、義理與考據：《四庫總目》論述的基準 …………… 1

　三、《四庫總目》對明代學術風格的評價 ……………… 5

　四、根柢徵實：清初學風之轉變 ……………………… 10

　五、《四庫總目》對清初學術的批判 ………………… 15

　　（一）詩　類 ………………………………………… 15

　　（二）禮　類 ………………………………………… 17

　　（三）春秋類 ………………………………………… 18

　六、結　語 ……………………………………………… 19

貳、清中葉以後之「揚州學派」別議 ………………………… 21

　一、前　言 ……………………………………………… 21

二、揚州學之淵源問題 ‥‥‥‥‥‥‥‥‥‥‥‥‥ 22

三、揚州學之特色問題 ‥‥‥‥‥‥‥‥‥‥‥‥‥ 28

四、結　語 ‥‥‥‥‥‥‥‥‥‥‥‥‥‥‥‥‥‥ 33

參、許珩《周禮》學論析 ‥‥‥‥‥‥‥‥‥‥‥‥‥ 37

一、前　言 ‥‥‥‥‥‥‥‥‥‥‥‥‥‥‥‥‥‥ 37

二、《周禮經注節鈔》闡述之《周禮》要義 ‥‥‥‥ 38

（一）設官執掌之辨明 ‥‥‥‥‥‥‥‥‥‥‥ 40

（二）設官節次之考察 ‥‥‥‥‥‥‥‥‥‥‥ 41

（三）辨明鄭《注》賈《疏》之曲說 ‥‥‥‥‥ 42

三、《周禮注疏獻疑》釋經方式與要旨 ‥‥‥‥‥‥ 44

（一）《周禮》職位的聯繫與執掌之分配 ‥‥‥ 45

（二）考正官稱職名之意義 ‥‥‥‥‥‥‥‥‥ 47

（三）申明禮儀形式及內涵 ‥‥‥‥‥‥‥‥‥ 49

（四）考正鄭《注》賈《疏》之誤 ‥‥‥‥‥‥ 50

四、結　語 ‥‥‥‥‥‥‥‥‥‥‥‥‥‥‥‥‥‥ 51

肆、郭嵩燾的經學思想與經世情懷 ‥‥‥‥‥‥‥‥ 53

一、前　言 ‥‥‥‥‥‥‥‥‥‥‥‥‥‥‥‥‥‥ 53

二、郭嵩燾的經學思想底蘊 ‥‥‥‥‥‥‥‥‥‥‥ 55

（一）明理知幾 ‥‥‥‥‥‥‥‥‥‥‥‥‥‥ 57

（二）會通情理，循《禮》以躬行 ‥‥‥‥‥‥ 59

三、以《易》為本，究乎天人的問學之道 ‥‥‥‥‥ 64

（一）研幾察理，探究本末，用《易》行事 ‥‥ 64

（二）窮理修身：明達通情，順勢應世 ‥‥‥‥ 67

四、講學從政與洋務運動的經學實踐 ‥‥‥‥‥‥‥ 70

（一）義理學的實踐，明德新民的政治作為 ⋯⋯73

（二）理勢兼顧，與時俱進的改革之道 ⋯⋯⋯75

（三）循理通情的洋務觀點 ⋯⋯⋯⋯⋯⋯⋯⋯79

（四）契會經史，與時俱進的世界觀念 ⋯⋯⋯81

五、結　語 ⋯⋯⋯⋯⋯⋯⋯⋯⋯⋯⋯⋯⋯⋯⋯83

伍、李滋然《周禮古學考》考訂《周禮》諸說述評 ⋯85

一、前　言 ⋯⋯⋯⋯⋯⋯⋯⋯⋯⋯⋯⋯⋯⋯⋯85

二、《周禮》成書相關問題 ⋯⋯⋯⋯⋯⋯⋯⋯⋯87

三、《周禮古學考》分辨古今學之依據 ⋯⋯⋯⋯90

（一）名實之差異 ⋯⋯⋯⋯⋯⋯⋯⋯⋯⋯⋯95

（二）制度之不同 ⋯⋯⋯⋯⋯⋯⋯⋯⋯⋯⋯96

四、《周禮》古學之來源及性質 ⋯⋯⋯⋯⋯⋯⋯98

（一）古文家說 ⋯⋯⋯⋯⋯⋯⋯⋯⋯⋯⋯⋯99

（二）古學異說 ⋯⋯⋯⋯⋯⋯⋯⋯⋯⋯⋯101

（三）依據《周禮》綱目擬定之細節 ⋯⋯⋯104

（四）就今文家之制度而推衍其說 ⋯⋯⋯⋯105

（五）劉歆制作 ⋯⋯⋯⋯⋯⋯⋯⋯⋯⋯⋯109

五、結　語 ⋯⋯⋯⋯⋯⋯⋯⋯⋯⋯⋯⋯⋯⋯111

陸、中晚清《左傳》禮說 ⋯⋯⋯⋯⋯⋯⋯⋯⋯113

一、前　言 ⋯⋯⋯⋯⋯⋯⋯⋯⋯⋯⋯⋯⋯⋯113

二、清初《春秋》禮說簡述 ⋯⋯⋯⋯⋯⋯⋯⋯115

（一）徐廷垣 ⋯⋯⋯⋯⋯⋯⋯⋯⋯⋯⋯⋯116

（二）毛奇齡 ⋯⋯⋯⋯⋯⋯⋯⋯⋯⋯⋯⋯117

（三）萬斯大 ⋯⋯⋯⋯⋯⋯⋯⋯⋯⋯⋯⋯120

（四）惠士奇 …………………………… 121

三、清中葉之《左傳》禮說 ……………… 124

（一）沈欽韓 …………………………… 124

（二）劉文淇 …………………………… 129

四、劉師培論述與歸納之《左傳》禮例 … 133

（一）《春秋》禮義之闡發 …………… 134

（二）《春秋》禮例之正例與變例 …… 136

（三）《左傳》以禮釋《春秋》例 …… 139

五、結　語 ………………………………… 141

柒、王韜《春秋》曆法簡議 ………………… 143

一、前　言 ………………………………… 143

二、王韜《春秋》曆法著述 ……………… 144

三、《春秋》經傳及各國所用曆法不同 ……… 146

四、《春秋》經傳時日差誤問題 ………… 150

五、自曆法考論《春秋》注疏問題 ……… 152

六、結　語 ………………………………… 155

捌、晚清禮學館之設置與編纂人員考 ……… 157

一、禮學館之設置過程 …………………… 157

二、禮學館人員 …………………………… 159

玖、晚清民初的復禮主張：曹元弼、曹元忠與

張錫恭禮說要義 ………………………… 169

一、前　言 ………………………………… 169

二、曹元弼的經學思想 …………………… 171

（一）曹氏生平及禮學著述 ………… 171

三、曹元忠《禮議》相關問題 …………………………… 181

四、張錫恭禮說 ……………………………………………… 185

（一）張錫恭之生平與禮學 ……………………… 185

（二）掇述《三禮》要義，總歸於鄭玄 ……… 188

（三）禮時為大，損益變革以合民用 ……… 189

（四）喪服等差，彰顯人倫精神 ……………… 190

（五）教民之要在於禮 …………………………… 192

五、結　語 …………………………………………………… 193

拾、劉文淇學術思想與文獻工作：

點校《青谿舊屋文集》前言 ………………… 195

一 ……………………………………………………………… 195

二 ……………………………………………………………… 197

三 ……………………………………………………………… 203

四 ……………………………………………………………… 205

五 ……………………………………………………………… 207

六 ……………………………………………………………… 209

餘　論：中晚清禮學之時代意義 …………………… 213

徵引文獻舉要（按作者姓氏筆畫為序） ……………… 217

壹、清初學術總評

《四庫全書總目》的觀察角度

一、前　言

　　乾隆帝下詔纂修《四庫全書》的動機目的及學術取向，或呈現的學術史觀問題，當代論述頗為豐富，無庸贅語。

　　《四庫全書總目》（下略做《四庫總目》或《總目》）代表清代乾嘉學者之集體觀點或乾隆帝之學術主張，或是總纂紀昀的學術觀點，近來以頗有探討者，然亦不易截然區分。

二、義理與考據：《四庫總目》論述的基準

　　漢、宋代學術分途，然治經之要，在於「講明大義，得立教之精意」，非特名物訓詁及考察時地事蹟，雖後者為前者之基礎，然非可為互為短長者。

　　清初學術承襲明代，以經學而言，主要承續朱熹學術，朱熹及其門人或後學闡釋之經旨，懸為考科者，學者自然依循；朱熹未釋而尊崇鄭注孔疏者，學者亦循以為據依。[1]然《四書》學，啟自朱熹，其學延續北宋五子，以闡發天道理氣性情為要，非以名物制度之考據為先。與名物制度詮釋之漢儒截然有別，《四庫總目》於《詩童子問》提要稱：「蓋義理之學與考證之學分途久矣。廣作是書，意自有在，固不以引經據古為長也。」[2]既義理、考據二分，各有所用，則互為褒貶，實為無義。然經學傳自秦漢，多古語古事古地，非考據難以辨明，故《四庫總目》又明顯以考據為義理之先基，《經稗》提要：

　　　漢代傳經，專門授受，自師承以外，罕肯旁徵。
　　故治此經者，不通諸別經。即一經之中，此師之

1　《四庫全書總目》於《周禮注疏刪翼》提要云：「《周禮》一書，得鄭《注》而訓詁明，得賈《疏》而名物制度考究大備。後有作者，弗能越也。周、張、程、朱諸儒，自度徵實之學必不能出漢唐上，故雖盛稱《周禮》，而皆無箋注之專書。其傳於今者，王安石、王昭禹始推尋於文句之間；王與之始脫略舊文，多集新說；葉時、鄭伯謙始別立標題，借《經》以抒議。其於《經》義，蓋在離合之間。於是考證之學漸變為論辨之學，而鄭、賈幾乎從祧矣。志長此書，亦多采宋以後說，浮文妨要，蓋所不免。而能以《注》、《疏》為根柢，尚變而不離其宗。且自朱申以後，苟趨簡易，以《敘官》為無用而刪之，《經》遂有目無綱。俞庭椿、邱葵以後，又多騁臆見，竄亂五官，以補《冬官》之亡，《經》遂更無完簡。沿及明代，彌逐頹波，破碎支離，益非其舊。」
2　《四庫全書總目》（文淵閣本，臺北：臺灣商務印書館，1985，下均此版本）卷15，頁28。

訓故，亦不通諸別師之訓故。專而不雜，故得精
通。自鄭玄淹貫六藝，參互鉤稽，旁及緯書，亦
多采擷。言考證之學者自是始。

宋代諸儒，惟朱子窮究典籍，其餘研求經義者，
大抵斷之以理，不甚觀書。故其時博學之徒，多
從而探索舊文，網羅遺佚，舉古義以補其闕。於
是漢儒考證之學，遂散見雜家筆記之內。宋洪
邁、王應麟諸人，明楊慎、焦竑諸人，國朝顧炎
武、閻若璩諸人，其尤著者也。

夫窮經之要在於講明大義，得立教之精意，原不
以搜求奇秘為長。然有時名物訓詁之不明，事蹟
時地之不考，遂有憑臆空談，乖聖人之本旨者。
[3]

《四庫總目》明顯以漢學為主，其漢學包含西漢的今文
經學，以師說家法為主要傳授的方式，及東漢參互勾稽，
以為考訂證實的解經方式。宋學則惟肯定朱熹之窮究典
籍，[4]有漢儒之風，餘則以理論斷，不甚觀書；不觀書自
無勾稽采擷之可能。

　　自元代科舉考試以朱熹經注作為主要依據，元明至
清初學者讀書論述，很難超出程朱之說，故明代以來多

3　《四庫全書總目》卷33，頁41。
4　《近思錄》提要云：「然朱子之學，大旨主於格物窮理，由博反約，
　　根株《六經》，而參觀百氏，原未暖暖姝姝守一先生之言。」

有為程試而編撰之論著，[5]此乃經學衰弊之根本原因，[6]
《四庫全書總目》多置列於存目，此姑且不論。

《四庫總目》雖崇漢抑宋，但尊崇朱熹學術，〈易經蒙引提要〉云：

> 是書專以發明朱子《本義》為主，故其體例以《本義》與《經》文並書。但於《本義》每條之首加一圈以示別，蓋尊之亞於《經》也。然實多與《本義》異同。……其他不肯委曲附和，大率類此。朱子不全從程《傳》，而能發明程《傳》者莫若朱子。清不全從《本義》，而能發明《本義》者莫若清。醇儒心得之學，所由與爭門戶者異歟！[7]

又仍續蔡清之學，闡發朱熹說，林希元《易經存疑》，《總目》云：

> 其解經一以朱子《本義》為主，多引用蔡清《蒙引》。故楊時喬《周易古今文》謂其繼《蒙引》而作，微有異同。其曰《存疑》者，洪朝選《序》謂其存朱子之疑以羽翼程、朱之《傳》、《義》也。……蓋其書本為科舉之學，故主於祧漢而尊

---

5 〈尚書義疏提要〉：「是編亦高頭講章之類，鈔本綴以圈點，其體段皆類時文。」
6 〈詩經正義提要〉：「是書不載《經》文，但標章名節目，附以己說，頗為弇陋。……全為時文言之也，經學至是而弊極矣。
7 《四庫全書總目》卷5，頁2（1-115）

宋。然研究義理，持論謹嚴，比古經師則不足，
要猶愈於剽竊庸膚為時文弋獲之術者。蓋正、嘉
以前儒者猶近篤實也。[8]

《四庫總目》標榜漢學，宋儒則為推崇朱熹，所欲強調
者，在於「詁訓不明而欲義理之不謬，無是事矣。」

三、《四庫總目》對明代學術風格的評價

清初學術延續明代學風，然明代歷二百八十餘年，
學術風氣自非一成不變，《四庫總目》大致以隆慶、萬
曆為界，前多承襲宋元徵實之風，後則蹈空淪為虛無。
何楷《古周易訂詁》，《總目》云：

楷之學，雖博而不精。然取材宏富，漢晉以來之
舊說，雜采並陳，不株守一家之言。又辭必有據，
亦不為懸空臆斷、穿鑿附會之說，每可以見先儒
之餘緒。明人經解，空疏者多，棄短取長，不得
已而思其次，楷書猶足備採擇者，正不可以駁雜
廢矣。

朱善《詩解頤》提要：

《明史》載其引據往史，駁律禁姑舅、兩姨為婚
之說，極為典核。知其研思典籍，具有發明。蓋

8 《四庫全書總目》卷5，頁5（1-116）

元儒篤實之風，明初尤有存焉，非後來空談高論
者比也。

又如王樵《春秋輯傳》，《總目》云：

其《輯傳》以朱子為宗，博采諸家，附以論斷，
未免或失之冗，然大旨猶為醇正。其《凡例》則
比類推求，不涉穿鑿，較他家特為明簡。明人之
說《春秋》，大抵範圍於胡《傳》。其為科舉之
計者，庸濫固不足言。其好持議論者，又因仍苛
說，彌用推求，巧誣深文，爭為刻酷，尤失筆削
之微旨。樵作此書，差為篤實。其在當日，亦可
云不移於俗學者矣。[9]

《四庫總目》評議宋元以後學者之著作，並非全以考據
學為標準，故對於明代徵實之著作，亦多予肯定者。且
宋元學者亦為多依循漢代經說，如明代李先芳《讀詩私
記》，《總目》云：

所釋大抵多從毛、鄭，毛、鄭有所難通，則參之
呂氏《讀詩記》、嚴氏《詩緝》諸書。……蓋不
專主一家者，故其議論平和，絕無區分門戶之
見。……雖援據不廣，時有闕略，要其大綱，則
與鑿空臆撰者殊矣。[10]

9　《四庫全書總目》卷28，頁30（1-575）
10　《四庫全書總目》卷16，頁11。

漢宋學評價方式之差異既已分辨,《四庫總目》對明代
學術之非議者,主要在於晚明,即萬曆以後,陽明學盛
行後之晚明學術,其論者或拘於文句,或為蹈空之說,
前者受制於科舉,後者主要為陽明學術之影響。李塨《周
易傳注》提要:

> 然明自隆、萬以後,言理者以心學竄入《易》學,
> 率持禪偈以詁《經》,言數者奇偶與黑白遞相推
> 衍,圖日積而日多,反置象占辭變,吉凶悔吝於
> 不問。其蠹蝕經術,實弊不勝窮。

又〈易義古象通提要〉云:

> 明自萬曆以後經學彌荒,篤實者局於文句,無所
> 發明;高明者騖於玄虛,流為恣肆。[11]

又如《廣易筌》,《總目》云:

> 自宋李光、楊萬里以來,多以史事證《易》義,
> 瑞鍾是書,蓋亦是意。然逐卦逐爻務求比例,牽
> 強既所不免,且於當代時事概行闌入,尤為駁
> 雜。造語遣詞,亦多涉明季纖佻之習。蓋沿李氏、
> 楊氏之餘波而失之氾濫者也。

明末學風,自為四庫館臣所不取,纖佻之習、心學橫流
皆為其要者,《總目》稱「明末心學橫流,大抵以狂禪

11　《四庫全書總目》卷5,頁17(1-122)。

解《易》」[12]12 而此所涉及者不僅是經學論述，而是社會情況及文化風尚的整體反應，如〈詩經偶箋提要〉云：

> 然《詩》道至大而至深，未可以才士聰明測其涯際，況於以竟陵之門徑掉弄筆墨，以一知半解訓詁古經……蓋鍾惺、譚元春詩派盛於明末，流弊所極，乃至以其法解經。《詩歸》之貽害於學者，可謂酷矣。[13]

此風至清初仍有延續者，如王承烈《復菴詩說》，《總目》評其書曰：

> 是書奉朱子《詩集傳》為主，以攻擊毛、鄭。其菲薄漢儒無所不至，惟淫詩數篇稍與朱子為異耳。蓋揚輔廣諸人之餘波，而又加甚焉者也……是又岐入鍾、譚論《詩》之門徑矣。[14]

　　此類著述，僅見於晚明，為明代學術思想及文學環境影響經學之特例，至清代則有所轉變。

　　若以宋學立身論明代學術，則另有可觀之處，如章懋《楓山語錄》，《總目》云：

> 其學術政治雖人人習見之理，而明白醇正，不失為儒者之言。藝文諸條，持論亦極平允，不似講

---

12 陳際泰《周易翼簡捷解》提要語，《四庫全書總目》卷 8。
13 《四庫全書總目》卷 17，頁 26（1-375）
14 《四庫全書總目》卷 18，頁 11（1-383）。

學家動以載道為詞。其評騭人物，於陳獻章獨有
微詞。則懋之學主篤實，而獻章或入玄虛也。然
獻章出處之間，稍有遺議。而懋人品高潔，始終
負一代重望，則篤實鮮失之明驗矣。又謂胡居仁
不適於用，似亦有見。惟推尊吳與弼太過，則頗
有所不可解耳。[15]

此類評論，亦見於劉宗周，《聖學宗要》提要云：

宗周生於山陰，守其鄉先生之傳，故講學大旨，
多淵源於王守仁。蓋目染耳濡，其來有漸。然明
以來講姚江之學者，如王畿、周汝登、陶望齡、
陶奭齡諸人，大抵高明之過，純涉禪機。奭齡講
學白馬山，至全以佛氏因果為說，去守仁本旨益
遠。宗周獨深鑒狂禪之弊，築證人書院，集同志
講肄，務以誠意為主，而歸功於慎獨。其臨沒時，
猶語門人曰：為學之要，一誠盡之，而主敬其功
也云云。蓋為良知末流深砭痼疾，故其平生造
詣，能盡得王學所長，而去其所短。卒之大節炳
然，始終無玷，為一代人倫之表。雖祖紫陽而攻
金谿者，亦斷不能以門戶之殊，並詆宗周也。知
儒者立身之本末，惟其人，不惟其言矣。[16]

---

15 《四庫全書總目》卷93，頁12（3-52）。
16 《四庫全書總目》卷93，頁25（3-59）。

可見《四庫總目》之漢學、宋學僅是對經學之闡釋方式而言，並非對傳統學術的綜合評論方式，對朱熹學、王守仁之學術，及學者之立身與人品道德，均為推重，此於清初儒學論述，更見其觀點。

四、根柢徵實：清初學風之轉變

明代學術既無足堪取，清代學風之轉變，則由徵實之風、根柢之學所發，《四庫總目》於此特為推崇，如陳啟源《毛詩稽古編》，《總目》論云：

> 啟源此編，則訓詁一準諸《爾雅》，篇義一準諸《小序》，而詮釋《經》旨，則一準諸毛《傳》，而鄭《箋》佐之。……其間堅持漢學，不容一語之出入，雖未免或有所偏。然引據賅博，疏證詳明，一一皆有本之談。蓋明代說經，喜騁虛辨。國朝諸家，始變為徵實之學，以挽頹波。古義彬彬，於斯為盛。此編尤其最著也

相近之論述，尚見於黃道周《榕壇問業提要》：「其大旨以致知明善為宗，大約左袒考亭而益加駿厲。書內所論，凡天文、地志、經史、百家之說，無不隨問闡發，不盡作性命空談。蓋由其博洽精研，靡所不究，故能有叩必竭，回應不窮。雖詞意間涉深奧，而指歸可識，不

同於禪門機括，幻窅無歸。先儒語錄，每以陳因迂腐為博學之士所輕，道周此編，可以一雪斯誚矣。」

此徵實之學，與乾嘉盛行之酊餼考據不同，仍以義理致用為主，此特為《四庫總目》所推崇者，习包如《易酌》，《總目》云：

> 是書用注疏本，以程《傳》、《本義》為主。雖亦偶言象數，然皆陳摶、李之才之學，非漢以來相傳之法也。……考包在國初，與諸儒往來講學，其著書一本於義理，惟以明道為主，絕不為程試之計。是書推闡《易》理，亦大抵明白正大，足以羽翼程、朱，於宋學之中實深有所得。以為科舉之書，則失包之本意多矣。

又晏斯盛《楚蒙山房易經解》，《總目》論云：

> 然不廢象數而不為方技、術數之曲說，不廢義理而不為理氣、心性之空談，在近日說《易》之家，猶可云篤實近理焉。

此將「義理」與「理氣」對照觀之，則知《四庫總目》對宋學內涵，與後世探討之理學，實有不同。故其於李光地《周易觀象》之提要稱其：

> 蓋尊信古經，不敢竄亂，猶有漢儒篤守之遺。其大旨雖與程、朱二家頗有出入，而理足相明，有異同而無背觸也。

此類均清初經學之重要著作所極力推崇之徵實之學，以闡明道理為主。

　　蓋清初學術風氣，重朱熹，順治、康熙、雍正至乾隆年間，前後頒佈《御定資政要覽》、《聖諭廣訓》、《庭訓格言》、《御制日知薈說》、《御定孝經衍義》、《御纂性理精義》、《御纂朱子全書》、《御定執中成憲》、《御覽經史講義》各書，其宗旨則強調「聖人之道統，惟聖人能傳之；聖人之治法，亦惟聖人能述之，非可以強而及」及張載「為天地立心，為生民立命，為往聖繼絕學，為萬世開太平」之學。

　　以《四庫總目》考察清初學術，限於經部，則為乾嘉學風及四庫館臣所限，無法得見全貌，蓋清初學術乃朱學與王學並行，朱學懸佈官廷，為學者所宗，儒者亦多為朱學，如陸世儀之《思辨錄輯要》，《四庫總目》云：

> 是書乃其劄記師友問答，及平生聞見而成。儀封張伯行為汰其繁冗，分類編次，故題曰輯要，明非世儀之完本也。凡分小學、大學、立志、居敬、格致、誠正、修齊、治平、天道、人道、諸儒異學、經、子、史籍十四門。世儀之學主於敦守禮法，不虛談誠敬之旨，主於施行實政，不空為心性之功。於近代講學諸家，最為篤實。……今所當學者，正不止六藝，如天文地理、河渠兵法之

類，皆切於用世，不可不講。俗儒不知內聖外王之學，徒高談性命，無補於世。所以來迂拙之誚也。其言皆深切著明，足砭虛憍之弊。[17]

又如周召《雙橋隨筆》，《四庫總目》云：

所言皆崇禮教，斥異端，於明末士大夫陽儒陰釋、空談性命之弊，尤為言之深切，於人心風俗，頗有所裨。

陸隴其《讀朱隨筆》，《四庫總目》云：

隴其之學，一以朱子為宗，在近儒中最稱醇正。是編大意，尤在於辟異說以羽翼紫陽。故於儒釋出入之辨，金谿、姚江蒙混之弊，凡朱子書中有涉此義者，無不節取而發明之。其剖析疑似，分別異同，頗為親切。其他一字一句，亦多潛心體察，而深識其用意之所以然。蓋於朱子之書，誠能融會貫徹，而非徒以口耳佔畢為事者。雖不過一時簡端題識之語，本非有意著書，而生平得力所在，亦概可見矣。[18]

又如其《三魚堂賸言》，《四庫總目》云

17　《四庫全書總目》卷 94，頁 14（3-68）

18　《四庫全書總目》卷 94，頁 17（3-69）

　　昔朱子博極群書，於古今之事，一一窮究原委，
而別白其是非，故凡所考論，率有根據。隴其傳
朱子之學，為國朝醇儒第一。是書乃其緒餘，而
於名物訓詁，典章度數，一一精核乃如此。凡漢
注、唐疏為講學諸家所不道者，亦皆研思探索，
多所取裁。可知一代通儒，其持論具有本末，必
不空言誠敬，屏棄詩書，自謂得聖賢之心法。其
於朱、陸異同，非不委曲詳明，剖析疑似。而詞
氣和平，使人自領，亦未嘗堅分壁壘，以訐屬相
爭。蓋諸儒所得者淺，故爭其名而不足；隴其所
得者深，故務其實而有餘。觀於是編，可以見其
造詣矣。[19]

其評論陸隴其，以朱學為宗，而稱其「名物訓詁，典章
度數，一一精核」，所謂「名物訓詁，典章度數」，則
是漢學之根本，亦即陸氏以宋學為本，而兼通漢學，此
《四庫總目》對漢、宋學之評價，出於平議漢宋之外，
其高低亦應重為估評。

　　向來學者探討清代學術以乾嘉考據學為主，連帶將
清代學術之視角侷限在經學，而忽略掉清代學術，不僅
考據學與清朝相始終，理學亦與清朝相始終，清初由陽
明學回歸朱學，清末則有陽明學復振之現象。

---

19 《四庫全書總目》卷 94，頁 18（3-70）

　　清初朱學之特色，在於由心學末流回歸朱學之論理，與刁包、李光地等經學相呼應，而最終回歸到切用之實政，亦即經世之學，此即孫奇逢、顧炎武等所提倡，而內容則包含輿地沿革、水利交通及天文曆法等實學，蔚為清代學術大觀。

五、《四庫總目》對清初學術的批判

　　清初學術，承續由明代，逐步轉化，故其學術仍多紛亂不經，且多無根柢高論之說，其又以經學論述為甚，此觀《四庫全書總目》各經存目所錄書，均有半數屬於清人著述，其中不乏「以意推求」[20]之書，可見清初學術其非如乾嘉考據所論云之嚴謹徵實，茲舉《四庫總目》對詩、禮、春秋各類數家著作之評論以為論。

（一）詩　　類

　　孫承澤《詩經朱傳翼》，《總目》云：

　　　承澤有《尚書集解》，已著錄。承澤初附東林，
　　　繼降闖賊，終乃入於國朝。自知為當代所輕，故

20　如：《書經參義》，提要稱其書：「考蔡《傳》自南宋以來，即多異議，原非一字不刊之典。然兆錫所改，大抵推求字句，以意竄定，未能確有考證也。」
　　《書經提要》：「是書體例亦不錄《經》文，但標舉字句，雜采諸家之說而以己意融貫之。然大抵推求文義之學。」

末年講學，惟假借朱子以為重。獨此編說《詩》則以《小序》、《集傳》並列，而又雜引諸說之異同。窺其大意，似以《集傳》為未愜，而又不肯訟言，故顢頇模棱，不置論斷；紛紜糅亂，究莫名其指歸。首鼠兩端，斯之謂矣。

閻若璩《毛朱詩說》，《總目》云：

若璩有《古文尚書疏證》，已著錄。是書論《小序》為不可盡信，而朱子以《詩》說《詩》為矯枉過正，皆泛論兩家得失，非章句訓詁也。所引《尚書》、《左傳》以為《詩》之本《序》，誠為確鑿，其餘則多懸揣臆斷之詞，不類若璩他著作。未喻其故也。

葉酉《詩經拾遺》，《總目》云：

是書專以《詩》之次第立說，分《正編》、《附編》、《餘編》，不取《小序》，並不取《左傳》。以季劄觀樂所列諸國不足信，而斷以"左氏失之誣"一語。以《木瓜》美齊桓為穿鑿悖謬，而斷以"五尺童子羞稱五霸"一語。又以《雅》、《頌》分什為毛、鄭之可笑，而分合其數篇，別為編次。蓋漢以來相傳之古《經》，自酉而一變其例矣。

（二）禮　類

黃宗羲《深衣考》，《總目》云：

> 其說大抵排斥前人，務生新義……宗羲經學淹
> 貫，著述多有可傳。而此書則變亂舊詁，多所乖
> 謬。以其名頗重，恐或貽誤後來，故摘其誤而存
> 錄之，庶讀者知所決擇焉。

方苞《禮記析疑》，《總目》云：

> 苞有《周官集注》，已著錄。是書亦融會舊說，
> 斷以己意。……朱子改《大學》、刊《孝經》，
> 後儒且有異同。王柏、吳澄竄亂古經，則至今為
> 世詬厲矣。苞在近時，號為學者，此書亦頗有可
> 采。惟此一節，則不效宋儒之所長，而效其所短，
> 殊病乖方。今錄存其書，而附辨其謬於此，為後
> 來之炯戒焉。

同上，《周官析疑提要》，《總目》云：

> 苞乃力詆《經》文，亦為勇於自信。蓋苞徒見王
> 莽、王安石之假借《經》義以行私，故鰓鰓然預
> 杜其源，其立意不為不善，而不知弊在後人之依
> 託，不在聖人之製作。曹操復古九州以自廣其封
> 域，可因以議《禹貢》冀州失之過廣乎！

劉青芝《周禮質疑》，《總目》云：

國朝撰。青芝有《學詩闕疑》，已著錄。是書摘
《周禮》舊注及前人經訓互相參證，間亦取後代
之事以引伸其義，頗與鄭、賈為難，然臆斷多而
考證少。宋儒事事排漢儒，獨三《禮》注疏不敢
輕詆，知禮不可以空言說也。青芝視之太易矣。

毛奇齡《喪禮吾說篇》，《總目》云：

奇齡說經，好立異義，而顛舛乖謬，則莫過於是
書。大旨以子夏《喪服傳》為戰國以後人偽作，
故逐條攻擊，務反其說。其叛經之尤者，如謂喪
服有齊衰無斬衰。……今奇齡謂禫後服縓冠素端
者凡十月，與《經》義無一相合。豈先王制禮之
意乎？其他若謂父在為母不當期年，父母不當為
長子三年，皆據律以議《經》。至謂本生父母不
當降在期服，傳重者不必嫡孫，則不特叛《經》，
且背律矣。豈非恃其博洽，違心巧辨哉？

孫自務《讀禮竊注》，《總目》云：

自務甚推此說，亦輕信也。觀其篇首敘所見禮家
諸書，寥寥無幾。蓋皆據理推測，而以意斷制之
耳。

（三）春秋類

萬斯大《學春秋隨筆》，《總目》云：

> 其學根柢於三《禮》，故其釋《春秋》也，亦多
> 以《禮》經為據，較宋元以後諸家空談書法者有
> 殊。然斯大之說《經》，以新見長，亦以鑿見
> 短。……至以仲子為惠公嫡配，孟任為莊西元
> 妃，以叔姬歸於紀為歸於紀季，則尤不根之論，
> 全憑意揣者矣。

以上各家，包含清初黃宗羲、萬斯大、方苞、閻若璩、毛奇齡等清代經學代表人物，然其說均有臆測不根，以意斷制之弊。

六、結　語

　　《四庫全書總目》強調徵實之學，與清初顧炎武、孫奇逢等強調通經致用大異其趣，清初之宗取程朱學說之學者，其重心在於經世致用，立身行事合於聖賢軌範，考據典籍所載之掌故源流及禮儀制度，用於闡釋經旨，主要乃作為論事處世及為官教養生民或施政之依據。《四庫總目》則對此經世致用之論，多略而不論，而專就學者所論述之古代制度及史事細節評論，糾檢其疏漏為務，高舉細微之失於提要之中，其雖以考證為務，然攻訐之實亦不免；風氣既成，學者多埋首飣餖考訂之中，形成清代中晚期學者保守封閉之學術格局，至民初仍見餘流。

貳、清中葉以後之
「揚州學派」別議

一、前　言

　　一代風氣的興起，自是諸多因素交互影響而成；要探討一人一家之學，也無法脫離當時學術潮流。近年揚州學的研究蔚為大觀，使「揚派」之名幾與皖、吳二派並稱。然揚州之學是否能於「吳」「皖」外，自成一學派派，則學界尚無定論。

　　清代揚州人才鼎盛，學術勃興，歷來研究者，略從兩方面探討：經濟富足及阮元等學術泰斗的提倡。揚州作為南北漕運中心，商業鼎盛，經濟富裕，足以支持相關的文化活動，是揚州學術發達的重要原因。阮元、焦循、黃承吉等人講學提倡，促使商業活動之外，更富有學術文化氣息。自清中葉以後，揚州學者名家輩出，王念孫、汪中、焦循、劉文淇、劉寶楠等均家學數傳，享譽儒林，是以研究者以其足以成一學派，與吳派、皖派並峙而立。

　　揚州學派的名稱，方東樹《漢學商兌》[1]痛詆汪中時
論及，認為揚州學者師法汪中，揚墨非孔，悖離名教。
然並未實指揚州學派的成員。其後主張揚州之學自成一
系，與吳、皖並峙有之，懷疑吳、皖之外，揚學是否自
成一系者有之。[2]揚州學派之名並未成為定論。

　　本文主要從「揚州學術」的代表人物及學風特色二
方面，僅就民國以來研究清代學術的相關論述，提出若
干觀察所得，匪敢非議前賢，略陳管見耳。

二、揚州學之淵源問題

　　清代揚州府治領高郵、泰州二州，及江都、甘泉、
儀徵[3]、興化、寶應、東臺六縣。今言揚州學術，大抵以
著籍這二州六縣者為主。

　　而就主張揚州之學成一學派者，於其其淵源與倡導
者，說法亦不一，劉壽曾〈漚宧夜集記〉自述揚州學術
之大概，云：

> 國初東南經學，崑山顧氏開之，吳門惠氏、武進
> 臧氏繼之。迨乾隆之初，老師略盡，儒術稍衰。

1 見《漢學商兌》（北京：三聯書店 1998 年）卷中之上，「夫天下無
　二道，墨子是，則孔子非矣……後來揚州學派，皆主此論」。頁 292
2 如中央研究院院士黃彰健先生。黃院士於 2001 年 5 月 3 日假學術活
　動中心召開之「清代揚州學派學術研討會」上發言，即否定有揚州
　學派之存在。
3 清末儀徵避宣統（溥儀）諱，改作揚子。

> 婺源江氏崛起窮鄉，脩述大業，其學傳於休寧戴
> 氏。戴氏弟子以揚州為盛，高郵王氏傳其形聲訓
> 故之學，興化任氏傳其典章制度之學，儀徵阮文
> 達公友於王氏、任氏，得其師說。風聲所樹，專
> 門並興，揚州以經學鳴者凡七八家，是為江氏之
> 再傳。……
>
> 蓋乾、嘉、道、咸之朝，揚州經學之盛，自蘇、
> 常外，東南郡邑，無能與比焉。[4]

劉壽曾此〈記〉將揚州的經學上溯及江永及戴震，而以
戴氏弟子王引之父子、任大椿及王、任之友阮元三人為
揚州學術的開端。此說大致為張舜徽及後來論揚州學者
所承襲。

　　但此說尚有若干代商榷之處：

　　其一，戴震為皖派宗師，其門下可否視為揚州學派
之代表？使其門下為揚派，則皖派尚能存論乎？這龔鵬
程先生所疑。[5]

---

4 見《劉壽曾集》（臺北：中央研究院中國文哲研究所籌備處，2001
　年）卷1，頁54。

5 龔鵬程〈清中葉的揚州學派〉：「若戴震所形成的是一個以戴東原
　為中心的皖派，那麼，王念孫無論如何均該列入此派之中，為一名
　驍將，否則皖派還有其他人嗎？此從師弟授受淵源及流派歸屬上
　說。再從治學手眼方法及學術宗旨上說，王念孫父子也並未在戴震
　皖派之外，另立宗旨、別尋方法。是以若從戴震這一條線索看，揚
　州學派並無獨立門戶之資格，頂多只能視為皖派或皖派之分支。」
　《清代揚州學術研究》（臺北：臺灣學生書局，2001年），頁54-55。

其二，王念孫父子、任大椿、阮元三人對被視為揚州學派之代表人物學術觀點上，有何傳承或影響？如汪中、焦循、黃承吉、劉寶楠、劉文淇等人在治學方法和學術主張上，受王念孫、任大椿及阮元之影響如何？

此類問題密切關連，其意義即揚州學派如成立，則揚派與吳或派皖派之分界何在？此乃欲探討揚州學者可否統歸一派，或自立成揚派，所須先確立者。

專研揚州學術之學者多注意戴震到對揚州學之影響，其中支偉成[6]、張舜徽[7]、華強、陳文和[8]、趙航等人

---

6 支偉成《清代樸學大師列傳・皖派經學家列傳第六・敘目》（臺北：藝文印書館，1970 年）云：「自戴震崛起安徽……戴氏施教京師，而傳者愈眾。聲音訓詁傳於王念孫、段玉裁，典章制度傳於任大椿。既淩廷堪以歙人居揚州，與焦循友善；阮元問教于焦、淩，遂別創揚州學派。」頁 145，支氏雖認為阮元別創揚州學派，然該書中，以學派為目者，有「北派經學」、「吳派經學」、「皖派經學」、「常州派」、「湖南派」、「浙粵派」、「南北懷疑派」等，卻未立「揚州派」，是知支氏亦未嚴格界定揚州學派之特色及成員。

7 又張舜徽揚州學者治學之精神淵源於戴震，其原由為：「一則由於戴氏流寓揚州最久，早將他的議論主張帶到了揚州；二則揚州幾位大學者，如王念孫是戴氏弟子，任大椿是戴氏同事；焦循一生最推尊戴學，我們只看他所寫的《申戴篇》，可以知其宗尚。戴氏的哲學思想和治學道路，全為揚州諸儒所繼承而發展了。」《清儒學記・揚州學記第八》（濟南：齊魯書社，1991 年），頁 380。此說法仍可斟酌之處，如以流寓，則姚鼐、杭世駿主掌揚州安定、梅花兩書院前後數十年之久，其門下豈可以桐城派視之。

8 華強、陳文和合撰〈戴震與揚州學派〉：「吳、皖兩派以後，揚州諸儒衍皖學餘緒，集吳、皖兩派之長，推廣治學範圍，由專精匯為通學。高郵王念孫、興化任大椿、江都汪中等開其先導，甘泉焦循、儀徵阮元、劉文淇承其後，將清學發揚廣大，形成揚州學派。」見揚州師院學報編輯部、古籍整理研究室編：《揚州學派研究》（揚州：揚州大學出版社，1987 年），頁 261。

肯定戴震對揚州學者之影響。趙航甚且稱「清代揚州學派，從其總趨勢來說，主要導源於休寧戴震，這基本上已成為定評」[9]。

以揚州學派遠溯戴震，則戴震弟子王念孫父子、同事任大椿等人，既為皖派之代表人物，又歸入揚派，則二派難以區別，近人也注意到問題，且認為其不妥，故另以揚州當地學者，如焦循、汪中、凌廷堪、阮元等人為揚州學派之代表人物。但即使同樣以焦、汪、凌、阮等為代表，各家之主張仍有相當程度之不同。

民初梁啟超以焦循、汪中為揚州學派之代表。認為揚州學繼吳、皖二漢學派而起，學術特色是研究範圍較吳、皖二派為廣。其論云：

> 漢學派中也可以分出兩個支派：一曰吳派，二曰皖派。吳派以惠定宇棟為中心，以信古為標幟，我們叫他做「純漢學」。皖派以戴東原震為中心，以求是為標幟，我們叫他做「考證學」。此外尚有揚州一派，領袖人物是焦里堂循、汪容甫中。他們的研究的範圍，比較的廣博。[10]

梁啟超稱揚學之主要特色在於研究範圍較為廣博，此觀點大致為現今研究揚州學之學者所認同，如張舜徽稱「揚

9　見《揚州學派新論》（南京：江蘇文藝出版社，1991 年），頁 8。

10　見梁啟超《中國近三百年學術史》（臺北：臺灣中華書局，1987年）三、清代學術變遷與政治的影響，頁 22。

州諸儒，承二派以起，始由專精匯為通學，中正無弊，最為近之。」[11]

　　細求梁啟超說，其以焦循、汪中為揚州學之代表人物，但並未論及揚州學者起於何人。在《近代學風之地理分布》中，則敘述揚州學興起之前緣，云：

> 揚州為前清全盛時代學術淵藪，人物輩出，其學風蓋甚類皖南……康熙雍正間，則有寶應王白田懋竑用考證家精神治程朱學，制行亦極嚴峻。乾隆初葉，則興化顧文子九苞、高郵李孝臣惇、高郵賈稻孫田祖，皆用元和惠氏治學法以從事經學，揚州學風自茲日盛。[12]

其意以王懋竑、李惇等理學家為揚州學之開創者，而治學方法則是師法吳派惠氏，與其後研究者主張揚州學因受皖派戴震影響而產生之說，截然不同。

　　張舜徽贊同梁啟超以揚州學發軔於王懋竑、朱澤澐等清代朱子學家之觀點。並進一步稱王懋竑、朱澤澐之後，同為寶應之劉台拱、劉寶楠等人則繼之而起，則揚州學乃發源於揚州北端之寶應。焦循、汪中等人雖屬揚州學之重要人物，但揚州學卻非始於焦循、汪中諸人。

11　見《清儒學記・揚州學記第八》，頁 379。
12　梁啟超《近代學風之地理分布》（臺北：臺灣中華書局，1987 年）七、江蘇，頁 20。

就此而言，揚州學並非受戴震影響而產生，今之研究者，頗有認同此說者。[13]

此外，今人徐復則以凌廷堪、焦循、阮元三者為揚學之首創者。[14]黃愛平以阮元為揚州學派代表。與阮元唱和之師友焦循、汪中，則同為揚州學派之重要人物。[15]

華強、陳文和以戴震對揚州學人之學術思想、治學方式有深刻之影響，而以王念孫、任大椿、汪中為學派先導，焦循、阮元、劉文淇承其後。

賴貴三以汪中、阮元、王念孫、王引之父子、劉台拱、劉寶楠叔侄及任大椿為揚州學派之代表，稱其「遠師顧炎武，近法戴東原」[16]。

龔鵬程、漆永祥[17]對以二王等為揚州學派代表持反對態度，意謂若就從師徒傳授淵源、治學方法與學術宗

---

13 《清代經學圖鑒·劉寶楠和劉文淇》（北京：國際文化公司，1998年）：「清代揚州學發軔於王懋紘和朱澤澐，盛於劉台拱、汪中，至劉寶楠、劉文淇，依然學風淳厚。劉寶楠學承劉台拱，傳子恭冕，劉文淇學承其舅凌曙，傳于子毓崧、孫壽曾，其重孫劉師培能光大家學。」頁234。

14 見趙航〈揚州學派新論序〉，《揚州學派新論》卷首。此說實承支偉成《清代樸學大師列傳》之說而來。

15 黃愛平：「繼吳派、皖派之後，深受皖派學術影響，又繼續保持漢學發展態勢，並為清代漢學做總結的是以阮元為代表的揚州學派。」見〈清代漢學流派析論〉（《清代揚州學術研究》上冊。臺北：臺灣學生書局，2001年），頁39。又《18世紀的中國與世界·思想文化卷》（瀋陽：遼海出版社，1999年）第二章討論揚州學派之代表人物，認為王念孫、王引之不適合為揚州學派之代表人物，故以阮元為代表。見頁100。

16 見〈清代乾嘉揚州學派經學研究的成果與貢獻〉（《漢學研究》第19卷4期，總第76期，2000年11月），頁589-595。

旨上而言，王念孫父子未在戴震之外別立宗旨，則揚州
學派並無獨立門戶之要件。即謂若揚州學欲自成一派，
則不得上溯戴震，且主張王氏父子雖著籍揚州，然不得
歸入揚州學派。以此，若欲立揚州學派之名，須另尋其
特色。

　　以上從發端、代表人物上，各家所舉幾乎包括清嘉
慶、道光年間揚州之著名學者，此現象顯示學者所稱之
揚州學派既無如吳派惠棟和皖派戴震類型之宗師，亦無
獨特之治學宗旨及學術主張。以此欲以綜合各家之論學
宗旨而後稱其為一學派，則其觀點必不能與各學者契
合，自也難以為後來之研究者所認同。

三、揚州學之特色問題

　　專研清代學術之學者，對於清代中葉之揚州學術，
除開創者或代表人物眾說紛紜，各持己見之外，對於揚

---

17 漆永祥《乾嘉考據學研究》（北京：中國社會科學出版社，1998
年）將乾嘉考據學分為戴震、惠棟、錢大昕三派，反對有揚州一派。
該著第四章〈考據學派別〉：「吳、皖（或加上浙東、揚州）之分，
不能反映師承淵源，師承淵源關係是判別學術派別的重要標志之
一，學者對某一大師或親炙，或私淑，或受其影響而近其學，方可
歸入一派。皖與揚州之分，實為同一師承而強分為二，揚州學者中
的王念孫父子等系出戴震門下，凌廷堪為戴氏私淑弟子，後人將他
們或歸吳派，或屬揚州派，自亂其法。汪中之學也近戴震，而梁啟
超將其既分揚州派主將，又隸歸吳派，相互錯出，類似的矛盾不少。」
頁112。

州學術之宗旨及論學特色,亦見類似情形。[18]

王俊義在論述揚州學派之成員後[19],提出揚州學派有三個特點:

1. 繼承發展惠棟、戴震的考據之學,將乾嘉漢學近一步推向高峰,並取得總結性的成就。

2. 突破了傳注的重圍,開拓了研究領域,使學術研究在內容和方法上都漸有了近代學術氣息。

3. 反對漢學墨守與門戶之見,具有發展變化的思想和求實批判精神。[20]

揚州學者之學術工作,是將考據學推向高峰,或使考據學流於枝微末節,學者頗有論爭,劉師培稱乾嘉以後之考據學為末流,而揚州學者正為此末流之代表。因此,王俊義所稱之「推向高峰」,實是由高峰衰落之過

---

18 趙航《揚州學派新論》言揚州學派有下列三個特點:第一、兼采備錄,不囿陳說。第二、因聲求義,探求本源。第三、注重目驗,徵其然否。第四、學不可誣,難而後獲。然此四項實不足以見揚州學之特點,附記於此。頁 12-14

19 王俊義以尹炎武《劉師培外傳》所云:「揚州學派於乾隆中葉,任、顧、賈、汪開之,焦、阮、鍾、李、汪、黃繼之。凌曙、劉文淇後起,而劉出於凌。師培晚出,襲三世經傳之業,門風之盛,與吳中三惠九錢相望,而淵綜廣博,實隆有吳、皖兩派之長,著述之盛,並世所罕見。」王以「淵綜廣博,實隆有吳、皖兩派之長」為指揚派之特點,實誤,此贊申叔之學耳,非論揚州一派。王並據此,以揚州學派之代表人物,有王念孫、汪中、焦循、阮元等,屬於這派之學者,有李惇、任大椿、程晉芳、劉台拱、賈田祖、王德量、凌廷堪、秦恩復、鍾懷、顧鳳毛、羅士琳、王引之、劉文淇、黃承吉等。見〈關於揚州學派的幾個問題〉(《清代揚州學術研究》上冊),頁 102-103。

20 見〈關於揚州學派的幾個問題〉,頁 105-111

程。又所謂「突破傳注的重圍，開拓研究領域」及「反
對漢學墨守門戶之見」，此就揚州學者所撰述之《孟子》、
《論語》、《左傳》及《公羊傳》幾部新疏上而論，似
乎亦未見契合。

　田漢雲提出揚州學派之基本特徵有三：

　　1.研究訓詁考據與義理的貫通。
　　2.堅持「道」與「藝」兼重。
　　3.具有寬廣的文化視野與卓越的創造能力。[21]

　此三特徵，第一項實為戴震之主張，焦循等揚州學
者或接受其觀點，或闡揚此觀點；但其論著上，實則甚
少強調「考據與義理」之貫通者，而多推重漢學，以考
據、訓詁探求古說為論學要義。正因考據無法貫通義理，
故常州學者得以高舉經學大義，形成風氣，歷晚清至民
初而不衰。

　龔鵬程稱揚州學具有多元化之學風（含漢學、反漢
學、理學等）與重博學之傳統，學者則多具文人的氣質，
是屬於學者型之文人，此外，更重視才性之生命與藝術
的生活。[22]但僅此特色，實不足以與旗幟鮮明之吳派、
皖派相提並論，揚州學者，能否析門立戶，不無疑問。

21　見〈關於近一步確認揚州學派的思考〉，頁 123-130
22　見龔鵬程〈清朝中葉的揚州學派〉，《清代揚州學術研究》上冊，
　　頁 56-92

　　以上三家從各方面探討揚州學之特色，其共通之觀
點，在於強調揚州學者在吳、皖兩派之後，擴展研究領
域，而不拘泥於文字訓詁之事。然如就揚州學者中之代
表人物，如焦循、汪中、劉寶楠、劉文淇等人之著述和
處世特質而言，此結論仍多違礙難通之處，亦未能解決
揚州學派是否存在之問題。

　　學派觀念，可上溯自孔子及孔門弟子。《莊子・天
下篇》、《荀子・非十二子》、《韓非子・顯學》及司
馬談〈論六家要旨〉、《漢書・藝文志》等所論各家各
學派觀念，雖未必強調師承，但卻有獨特之學術主張。
即如漢代今古文學派之爭，一家一派之中，對今文或古
文，均抱持相同態度，非此則有師法、家法之別。若僅
為文人之聚會講學、談興交遊，則難以名為學派，如戰
國時期之齊國稷下、東漢末劉表主政下之荊州，雖同有
若干學者遊寄於此，亦有若干文獻流傳，然並不足以構
成學派之名。

　　揚州之學者與荊州之學相似。揚州學者如焦循、汪
中、劉寶楠、劉文淇等人，雖然書札往返、問學論難，
然諸家多是家學數傳，並未有共同之論學宗旨。若就焦
循、汪中、劉寶楠、劉文淇之論著中歸納出相同之思想
主張與治學方式，則其說實難與戴震、惠棟之主張有明
顯之區別。以劉文淇而論，其孫劉壽曾雖自云其為江氏

三傳，然「凡漢皆好，凡杜皆壞」[23]之評論，正是惠棟吳派宗漢學者之極致。

　　若就學派之創始者及代表人物而論，吳派惠棟、皖派戴震開派宗師之地位明確無疑，但就後人所論述之揚州學派代表人物而言，實皆不能視為學派之開創者。

　　以多數學者所認同之阮元而論，雖為揚州儀徵人，亦極力提攜後進。然其居官四方，晚年歸揚時，劉文淇、劉寶楠等早已聲名鵲起，非受學於阮元者。舉例而言，阮元序柳興恩《穀梁大義述》云：

> 道光十六年，始聞鎮江柳氏為《穀梁》之學。二十年夏，柳氏興恩挾其書渡江來，始得讀之，余甚惜見之晚也。亟望禮堂寫定，授之梓人，與海內學者共之，是余老年之一快也。興恩為余門生之門生，貧而好學，鎮江實學敦行之士也。[24]

柳興恩非揚州學者，然其素與劉文淇、劉寶楠等相善，治《穀梁》乃受劉文淇、劉寶楠、陳立、梅植之等人之影響，或同赴道光八年赴金陵鄉試，共約而後從事。若以焦循、黃承吉及劉寶楠、劉文淇等前後相承，約定撰作新疏視為揚州學者共同而重要之事，則顯然阮元並未在其中有任何引導作用。阮元雖言「興恩為余門生之門

---

23 見〈春秋左氏傳舊注疏證整理後記〉對評該書語。《春秋左氏傳舊注疏證》（北京：科學出版社，1959 年），卷末。

24 《穀梁大義述・序》，《皇清經解續編春秋類彙編》（臺北：藝文印書館，1986 年），冊 3，頁 3065。

生」，然非真有所師承。[25]同樣的，以焦循、汪中、凌廷堪等人為揚州學派之創始人或代表人物，都見類似情形。即將若干揚州著名學者視為代表人物，則其與揚州學者，多無明顯傳承，眾人亦不共許為宗師，甚至其學術觀點均有歧異。如此將揚州學人同集於一學派下，恐非符合於當時之學術情形。

既無一致的師承，亦未見明顯之學術主張，揚州學派之名，與實際情形，實難契合。

四、結　語

梁啟超綜論揚州一地學者，指出「揚之學者，世家最多，江都汪氏、儀徵阮氏、寶應劉氏、咸有令子，而歷四代不殞嘉問者，前則高郵王氏，後則儀徵劉氏也。」[26]此正是清代揚州學者之重要特色，即各學者之間，父子相傳之重要性大於師徒門生之關係，[27]如劉文淇受學

---

25 《雷塘庵主弟子記》道光二十年下，柳興恩按云：「丁未歲（道光27年，1847）公延興恩館于家，為諸孫及外孫授經。興恩中式壬辰（道光12年）江南鄉試第七名，座師為蕭山湯相國，公典己未會試之門生也。《阮元年譜》（北京：中華書局1995年）收錄，卷8，頁202。

26 見《近代學風之地理分布》七、江蘇，頁21。

27 南桂馨《劉申叔遺書・序》（南京：江蘇古籍出版社，1997年）：「昔在有清乾隆之初，世儒尊漢而薄宋，其所謂漢，漢之東京也。乾、嘉之際，始有西京學術起而爭勝。阮文達左右采獲，為天下宗，其于今文、古文之短長，未數數也。皖江諸師與蘇常之儒，華實判異，而合其流于揚子江。文達生長是邦，道光季年告休，野處邗上，

於凌曙，而所治則一《公羊》、一《左傳》各為今古文，說法多不同。學者所稱之揚州學代表人物，汪中、汪喜孫父子，焦循、焦廷琥父子，劉寶楠、劉恭冕父子，梅植之、梅毓父子，劉文淇、劉毓崧、劉壽曾、劉師培四代，皆是家學傳承。若上溯而論，劉寶楠遠從劉台拱，凌曙與汪中皆出身微寒，孤苦自學而成，此皆非可以遠溯及戴震、惠棟者，甚至與戴震門下之揚州學者王念孫父子、任大椿無涉。

今人論述揚州學，企圖從師門傳承、學術思想及生活風尚等各方面著手，然所見僅得一斑，無法契合實際情形。其根本原因則在於揚州諸儒乃以家學為本，學術工作則是友朋之間，茶酒論難之際，逐步形成之約定，既無一定宗旨，亦無專主之方式，而其學術風格，則仍是乾嘉盛行之考據學，此乃學術環境使然，並非當地儒者反省體悟所得。揚州學者阮元、王念孫父子、汪中父子、焦循及二劉，各家自有學術特色，難以同一學派視

才雋之士，莫不奉其風教，雲蒸霞蔚，人人說經。劉孟瞻先生由是崛起，四傳益勁，以有申叔。申叔之主古文也，以《左氏春秋》為其家學也。若其兼綜今文而假借廖氏，亦非盡由晚節轉移，蓋揚州學派，固如此矣。凌曉樓治《公羊》、注《繁露》，今文大師也。孟瞻先生乃為其甥，少受經於凌氏，改治《左傳》，宗趣雖判，淵源則同。當是時，曹、盧執政，斥考據為支離，士大夫多以古文相尚，漢說已稍凌遲矣，揚州諸師實系天下樸學之一線。主古文者有之，主今文者有之，風雨晦明，彼此推挹，各自成其述作，而家法井然，初不謂有此即可以無彼也。」頁 32。以揚州學者受阮元而興起，已論見於前。此以見揚州學者之家學井然，及其多元化之學風，師徒之間，所學所述，各有其專主也。

之。揚州學者雖未必能以一學派視之，然各家族世代相承之學術工作，與友朋間交遊唱和而形成之學術風氣與影響，實為值得深入探討之研究論題。

參、許珩《周禮》學論析

一、前　言

　　許珩，字楚生，江蘇儀徵人，生卒年待考。諸生，工古今體詩，宗法唐人，曾入阮元幕府，助修《廣東通志》，主要著作《周禮經注節鈔》七卷、《周禮注疏獻疑》七卷。《續纂揚州府志》、《清史列傳‧儒林傳》稱其《周禮注疏獻疑》「釐正搜剔，論者謂為鄭賈功臣」[1]。全書二百餘條，書名雖稱「獻疑」，實辨正《周禮》鄭玄注及賈公彥疏未盡妥善之說。

　　《周禮經注節鈔》與《周禮注疏獻疑》二書，雖體例不同，用意有別，然亦為相輔之作。蓋許珩撰述本為課習之用，《周禮》鄭《注》多推本陰陽，復多古語，學者不便，賈《疏》則煩冗瑣碎，難以通貫，學徒苦其煩瑣不得其要領，故為之作節本。

---

[1] 此論出於程元吉所作序文，見《周禮注疏獻疑》（《四庫未收書輯刊》第三輯據嘉慶 16 年刊本影印，北京出版社，2000 年）卷首。《續纂揚州府志》（臺北：成文出版社，1970 年）及《清史列傳》（北京：中華書局，1976 年）徵引其說。許珩事蹟略見《國朝漢學師承記》卷 7，其內容即江藩〈周禮注疏獻疑序〉所論云，茲不具錄。

　　許珩於刪裁《周禮》鄭注、賈疏之煩瑣，僅存大義，而覺其義旨與注疏多所不安者，故摘錄所見，詳考前人之說，以證求經義，幾經刪略，而成《周禮注疏獻疑》七卷，以作為《周禮經注節鈔》訂補之用。其為獻疑，實為訂正《周禮》鄭注及賈疏。

　　《周禮注疏獻疑》經阮元、江藩審定而成，亦獲二家之贊言，其說之精當，亦無可致疑。清儒最尊鄭玄，諸家禮說一以鄭玄為宗，少見論疑，許珩《周禮注疏獻疑》以平易之說疏理《周禮》設官分職之義，既能辨正鄭注、賈疏之說，亦使官職之設置更為合理妥切，實頗有裨益於《周禮》之理解。

　　筆者學《春秋》、研治《左傳》而涉及《三禮》，於《周禮》僅識門徑，未能深究，讀許珩說，喜其平易周延，頗有契合者，故疏理其說以見其深思之精見。

二、《周禮經注節鈔》闡述之《周禮》要義

　　《周禮經注節鈔》（下略作《節鈔》）七卷，前有〈敘〉及〈凡例〉十二條，[2]說明其著作之目的及節鈔之原則。據其〈敘〉知其授徒之用，先後作於乾隆五十八年（癸丑，1793）及嘉慶十年（乙丑，1805）、十一（丙寅，1806）年間，後經數年而後成書。其內容主要節取

---

2 〈凡例〉12 條，篇題作「周禮經注節鈔獻疑敘例」，知其為兼為二書而作，亦說明二書之關係。見《周禮經注節鈔》卷首。

漢注,「其不安者則以後儒之說易之,無可易者,然後以己意別紙疏之」[3],全書七卷,卷首為序官,依序列出《周禮》各職官名稱及編制,其後六卷,即依《周禮》天地春夏秋冬之序。

　　據其敘例,知其節鈔包含三部分:1.鄭注賈疏;2.前人注說;3.許珩之說。此三者之體例,亦各自不同。

　　許珩對鄭注賈疏之說,不同意其說者,不逕於《節鈔》中辨駁,而是標明見於《周禮經注獻疑》(下略作《獻疑》)。如〈天官〉下云「天字見《獻疑》」[4],「銜枚、依耆二官說見《獻疑》」[5]等,蓋凡《獻疑》所釋,均標示於《節鈔》,於此亦見其主從關係。

　　《節鈔》徵引前人部分,據《獻疑‧跋》,知許珩撰述主要參照之書為王長志《周禮注疏刪翼》[6],故其徵引各家說,除清代江永、惠棟等人[7],餘均見於該書中。

3　同前注,頁1。

4　同前注書,卷1頁1。

5　同前注書,卷1頁30。

6　王長志,字平仲,生卒年待查,明萬曆年間人,輯有《周禮注疏刪翼》、《禮記注疏刪翼》、《詩經注疏刪翼》等各書。《周禮注疏刪翼》三十卷,《四庫全書》收錄,本文徵引其說,均為文淵閣《四庫全書》本。

7　《節鈔》中引惠棟說十餘條,均見《九經古義》中,如〈天官‧玉府〉「掌王之金玉……食玉」條引惠棟說云:「玉非可食之物,凡言食玉者,大率皆寓言。而食玉載於《周官》者,蓋玉以禮天地、饗鬼神,王者尊之為寶。除不祥,辟惡氣,君子不棄於身……是為食玉,謂潔清其氣,神明其德,祓除其心而已,非口食也。」,卷2頁22。

如《獻疑》徵引之葉時、王應麟、劉中義、王應電等各家說。

許珩徵引各家說以證補鄭注、賈疏未盡周延之說，其後再以按語說明其意。其按語大致有下列幾方面：

（一）設官執掌之辨明

《周禮》鄭注簡略，且時代久遠，命官之意，多難知曉。前人注釋申明其說，許珩則綜合前說，以明命官之意。如夏官「諸子」下，鄭注云：「諸子，主公卿大夫、士之子，或曰庶子。」其引劉氏（中義）及王氏（應電）說曰：

> 劉氏曰：適子、庶子皆掌之。王氏曰：自其眾而言之，則謂之諸子。

按云：

> 《經》文「春合諸學」註引〈王制〉「王大子」云云。又按〈師氏〉「教國子」云云。疏云：「鄭不言王大子及元士之適子者，略之。」據此，則此註云「公卿大夫者」，亦略之也。以本經甲兵之事與〈文王世子〉出疆之證較之良然。而命官之意，則必合劉氏、王氏之說方明。且愚《獻疑》內「凡國之政事」條可證也。[8]

---

8 同前書，卷1，頁22。

「凡國之政事」條在」《獻疑》卷五，其論云：

> 序官注「諸子」，一曰庶子。語本〈燕義〉。本
> 經〈秋官〉掌客王巡守，則國君致膳，有庶子壹
> 眠其大夫之禮。是從于巡守也。《春秋》成十六
> 年《傳》文子以戈逐范匄曰：童子何知？襄八年
> 《傳》子國怒子產曰：童子焉。二子此時非所謂
> 群子乎，是從于軍與議國政也。下文「大僕」職
> 有御庶子，疏云：御僕十二人，分之為御庶子，
> 一官而別為二名，《經》無是例也。[9]

　　許珩認為《周禮》設官分職極為詳密，故不能片面
論述其職務及所屬身分，必須綜合相關職稱以考察其範
圍。故稱「諸子」乃包含適子、庶子及〈師氏〉所稱之
「貴遊子弟」。

（二）設官節次之考察

　　《周禮》三百六十官，層遞相因，節次分明。明其
節次與執掌，則明其設官分制之意。〈秋官〉「伊耆氏」
下，許珩按云：

> 自「鄉士」至「伊耆氏」，無非士職。大抵「士
> 師」一人統之，中間略分者，則「鄉士」至「朝
> 士」為一節，皆讞獄之官也。「司民」至「掌戮」

9　《周禮經注獻疑》卷5，頁13。

為一節，而以「司民」先之者，先儒所謂聖人用
刑，本於好生是也。

「司約」有不信之殺，「司盟」有獄訟之盟，故
連類在此。以「職金」參其間者，金為秋令，猶
司爟之在「夏官」也。有刑必有罰，故「金罰」
掌焉。

又有為兵之金，兵亦殺象，於秋尤宜，若玉石丹
青，則以類掌耳。「司隸」與「五隸」為一節，
以其有囚執人之事也。「布憲」至「脩閭」為一
節，所以申刑。

「禁冥氏」至「庭氏」為一節，則剪除之及乎鳥
獸草木者也。[10]

此將〈秋官〉分成四大類型，將刑法之意義及其作用所
及，依次列舉，以說明設官之義。此即其〈敘例〉所謂
「於每官略求其分職聯事之故，別為段落，而為之說，
庶讀者因此求通，不致視同縉紳總目也」，據此可見許
珩細求《周禮》設官精密妥善之用意。

（三）辨明鄭《注》賈《疏》之曲說

〈地官・鄉大夫〉「三年則大比」下，許珩引鄭《注》
後，續徵引馬端臨說，按云：

10 同前注書，卷 1，頁 30。

〈鄉飲酒義‧疏〉:「《鄭目錄》云:鄉飲之禮,
一則三年賓賢能,二則鄉大夫飲國中賢者,三者
州長習射飲酒,四則黨正蜡祭飲飲酒。〈五物注〉
似未安。惟馬氏《論語》「設不主皮」注曰:「四
曰和頌,五曰興舞」,庶乎得之。……惠氏亦主
此說,且疏之曰:「和志,其志和也;和容,其
容和也。主皮志和,容和能中質也。和頌,其聲
和也。興舞,其節和也,于射時之詢為切,較疏
之曲為鄭說勝矣。11

惠棟說見《九經古義‧周禮上》,許珩徵引其說,以證
馬端臨說較鄭《注》賈《疏》為可信從。《節鈔》中徵
引前人說,許珩均取與鄭《注》賈《疏》相較,並申明
其佳勝之處。

許珩於賈《疏》之不當者,多所辨明,亦指陳賈氏
之失,如《獻疑》卷一〈典同〉,論云:

注云:「同陰律也,不以陽律為名者,因其先言
耳……。」據此,是鄭以《書》之同律為陰陽律
之名矣。《疏》不敢正言其誤,而引孔注以為義
別。12

---

11 同前注書,卷3,頁9。
12 《周禮注疏獻疑》卷1,頁6。

其下釋〈典同〉之義，即律度量衡，同起於黃鐘，故「律同則無不同，故舜之同也，以律為首，而周之命官也，即以為名。」

　　許珩作《周禮經注節鈔》之目的，只在於鄉塾及書院講學之用，其節鈔亦以《周禮注疏》為主，然七卷中按語近百條，均辯駁注疏，亦見其不曲從鄭玄之意。

三、《周禮注疏獻疑》釋經方式與要旨

　　《周禮注疏獻疑》主要在於尋繹全書，會通制作之意，而後闡釋官稱之設立及其執掌。於此，其頗能規正鄭玄《周禮注》中官員執掌複重之問題。如〈甸師〉下，許珩先列注疏之說，其後揭示其著述要旨，云：

> 〈甸師〉注云：「供野物官之長。」疏云：「或與〈地官〉掌葛炭、掌蜃、委人等同掌供野物，故與彼官為長。」若然，彼屬〈地官〉，此屬〈天官〉，越分相領，恐理不愜。此「甸師」當與下「獸人」已下亦供野物為長也。

> 愚謂六官雖云職任各別，而實多聯事。況天官為六官之長，所以統率五官，或說即是，以此為疏，復何閒。然即委人為中士，而天官屬之于五官，亦不得以品秩限之，並不必引大史之統內史以為說也。

> 愚近尋繹全《疏》，賈氏之學，不但不能超出《注》
> 外，即會通其旨已難，閒有所見，又復如此云云。
> [13]

許珩《獻疑》之作，乃疑鄭《注》及賈《疏》，一反清儒篤信鄭玄之習，[14]而其釋疑之論，正有作新疏之意。[15]

　　《獻疑》內容針對鄭《注》賈《疏》而發，許珩所欲闡發者，不僅在於規辨鄭玄、賈公彥之說，而是藉由獻疑、釋疑，以建立一完整之政府設官分職之體系。其主要透過於官稱的執掌與聯繫的論述而闡發其觀點，以此為基礎，而後考查各官執掌，及鄭《注》及賈《疏》之失。

（一）《周禮》職位的聯繫與執掌之分配

　　許珩作《辨疑》之意，實為釋疑，透過合文比義，考察其職分，以聯繫各官吏之關係，〈官常〉注云：「謂各自領其官之常職，非聯事通職所共也。」許珩按云：

> 宰夫之八職，四曰旅掌官常以治數。後鄭於彼注
> 云：「數謂多少異數。」此「官常」正與之同，

13　《周禮注疏獻疑》卷1、頁1。

14　《四庫全書總目・周禮注疏刪翼》：「《周禮》一書，得鄭《注》
　　而訓詁明，得賈《疏》而名物制度考究備。」見文淵閣本《四庫全
　　書》收錄《周禮注疏刪翼》卷首。

15　《周禮經注節鈔獻疑敘例・凡例九》：「疏之誤者甚多，有前人已
　　辨者，亦有未辨者。但與注不甚相妨，及不復正之。他日買山，願
　　遂更期廣集眾說，別為正義也。」卷省，頁4。

> 亦當釋常為常數矣。蓋常本紀數之文,事有大
> 小,然後官之勤惰可分,故以聽之。若漫云常職,
> 何異於「二曰官職」耶![16]

此顯見其分辨各官職之設立及其執掌,就聯繫前後官職
而考察其執掌與關係,以免除其復重及偏失。又如〈地
官〉「地守」,鄭玄注云:「衡麓、虞候之屬。」許珩
按云:

> 愚于此注有以知「山虞」、「澤虞」與〈夏官〉
> 「均守」、「候人」知所以誤矣!上文地職既注
> 云:分其九職所宜,虞、衡在九職之中,何以又
> 分別言之……蓋康成于「守」字之義似少體會,
> 而又未細思齊之官制不能盡如周初之制……〈天
> 官〉九職則虞兼衡言,重在作材,固不辨其守與
> 否耳。[17]

《周禮》設官參照天地運行及萬物之關係,故其官職亦
繁複難通釋,鄭玄《注》中多有執掌復重者,許珩梳理
其說,將執掌分別,免其重設,同時又聯屬其關係,使
成一體,而官府可據以經世理民,亦免煩冗雜沓。

　　許珩進一步考察《周禮》之設官,認為各項事務均
有執掌者,然官員多可兼掌事務,「都則都士家士」按
云:

---

16 《周禮注疏獻疑》卷2、頁1。
17 同前注,卷3,頁1。

入則匡人達之，都則主之，其冊籍當亦無多。觀
〈序官〉有都無家，其為兼掌可知。都家且可兼。
何用每都分設耶。士為刑官所主，不過都家成
讞，亦唯一官掌之如都宗人、家宗人足矣，非若
軍賦煩也。若朝大夫通理其國事，故尤不得比
之。[18]

《周禮》設官鉅細靡遺，上自朝廷，下至都邑鄉里，其
職位既細，則自有相對應之官員，總數為一萬一千五百
九十一人[19]，尚不含胥徒。許珩以其執掌之事簡易，故
多為兼掌者，如此則職事雖備，而人員不冗，較官府組
織之實際情況。

　　許珩論述《周禮》之設官及執掌，在於其考察全書，
認為《周禮》「經文每官首數語，或一語，多總冒之文，
下乃分承之。」[20]此為其治《周禮》之綱領，亦為考辨
執掌，辨析鄭《注》、賈《疏》諸說之原則。

（二）考正官稱職名之意義

　　乾嘉考據學，以音聲訓詁為基礎，並且用之於名物
制度之考訂，闡釋古書義理及古代制度，頗受後人推崇。

---

18 同前注，卷1，頁13。
19 孫詒讓《周禮正義》據《周禮》職官敘統計，周天子之天、地、春、
　　夏、秋五官，（缺冬官）共計公三人，卿十一人，中大夫六十八人，
　　下大夫二百五十七人，上士一千九十人，中士四千四百七十人，下
　　士五千六百九十二人。其他府、史、胥、徒不計。
20 《周禮注疏獻疑》卷4「六祝」條，頁11。

許珩生於乾嘉盛世，且為文役於阮元，自是通曉其道，
《周禮注疏獻疑》中，多據以論辨官名，如〈序官〉「山
澤虞」鄭注云：「虞，度也。度知山之大小及所生者。」
許珩按云：

> 虞當訓備。經所謂物為之為之屬而為之守禁，此
> 備之義也。蓋即〈職方〉周知其利害之意。或兼
> 義亦可。[21]

欲守備自須先度知，故以「守備」取代鄭玄「度知」義，
含義較為深刻，又如同卷「迹人」，許珩以「遵循」替
代「知禽獸處」，義為邦田之範圍，意義亦較鄭《注》
為周備，此類以均以字義訓詁方式探求《周禮》各官職
之執掌，以見其於周代之用。

又〈敘官〉「庭氏」注云：「主射妖鳥，令圉中潔
淨如庭。」許珩論云：

> 以庭為潔淨，義似牽強，容謂其在庭戶之間則射
> 之。蓋山林之中，何所不有，不可得而除，而亦
> 不必盡除。庶幾命官之義與。[22]

此亦就官稱之執掌，以見其設官意義，許珩以「庭氏」
之執掌在於庭中耳，不及山林。又「壺涿氏」，鄭玄注
云：「壺，瓦鼓涿擊之也。」許珩按云：

---

21 《周禮注疏獻疑》卷1、頁3。
22 《周禮注疏獻疑》卷1、頁12。

以壺為鼓，似乎甚曲。涿訓擊，亦未見其義。愚
謂壺或是壹字之譌。壹有閉塞之義……通鬱，涿
通濁，水蟲多在濁水之中，壹濁謂以法閉鬱之使
絕，故以名其官與。[23]

擊鼓或閉塞，其義截然不同，「壺涿」前列「赤犮氏」，
許珩考其職為「拔除淨盡」，於此而論，續接職官為擊
鼓，則顯為突兀。如訓為閉塞，正合乎以類相從之義。

（三）申明禮儀形式及內涵

《周禮》載明職官及其執掌，可據以考見古代制度，
禮儀祭祀等事務，又是官府之要務。許珩所論以制度為
主，故雖去除喪禮[24]，而尚多祭祀事務。如〈天官〉「陰
禮鄭玄注云：「陰禮，婦人之祭禮。」許珩按云：

婦人祭禮，無謂（陰禮）。愚謂陰禮者，祭不用
樂也。〈郊特牲〉曰「昏禮不用樂，幽陰之義也。」
〈大司徒〉「陰禮」注曰：「男女之禮，其義正
通。」[25]

以「用樂」與否作為分辨陰禮，自較以婦女之祭禮稱為
陰禮符合禮義。且據〈天官〉之次，亦無由於此見婦女
之祭禮。他如〈秋官〉中之「拜禮」、「主國之禮」、

---

23 前注，卷1，頁11。
24 〈敘例〉：「是鈔前五官自喪禮外，不過節其繁冗，以便肄業。」
25 《周禮注疏獻疑》卷2、頁10。括弧中「陰禮」二字疑漏。

「拜禮事」等各條，均申明禮儀之形式及其意義，亦說明鄭注未恰當之處，如「聘禮」所稱「賓繼主君，皆如主國之禮」鄭玄注云：「或饗時主君，及燕亦速焉。」許珩按云：

> 燕容有饗食之禮，須行之廟中，恐客館不當有此禮也。

又「遂送」條，鄭玄注稱：「君拜以送客」。許珩則按云：

> 諸侯于聘，卿大夫無迎禮，則亦無送禮。況客未拜禮賜，豈能預為之送，以促其行。所謂送者，即介送君。云遂者，君不入門，備主賓之禮耳。
> 26

前者就燕禮舉行之地與饗禮不同，自是不得等同視之。後者就聘禮之儀式，說明鄭玄稱此為卿大夫送客之儀式，實與禮儀不合，其說自有未臻恰當之處。

（四）考正鄭《注》賈《疏》之誤

許珩《周禮注疏節鈔》，對於鄭注、賈疏之未合於經旨者，未多辨駁，《獻疑》則強烈質疑鄭《注》及賈《疏》說，如〈夏官〉「正牲體」一條，鄭玄釋「正」為「登」，賈《疏》申論其說，許珩則引特牲饋食禮，

---

26 前注書，卷6，頁15、16。

以證「正」為全牲之意，故稱：「康成與登字同釋，愚
不敢信也。」至如〈夏官〉「王殷國」一條，許珩備引
賈《疏》之後按云：

> 即如賈說，王有故不巡狩，既有故不巡狩矣。而
> 又至他國何為？愚不知其所據也。[27]

《周禮注疏獻疑》主要是駁正鄭《注》賈《疏》說而作，
唯許珩力求通達，故雖有力辨其非之處，然語尚寬緩，
多做增補之說，故其自稱「經明而鄭學顯，則余又鄭君
之功臣也。」江藩則贊其為「鄭賈之諍友」。

四、結　語

　　許珩為乾嘉盛世之揚州諸生，其治學先後受到阮
元、江藩的深刻影響，特《周禮》之名物制度，江藩序
稱其就訓詁節文而論鄭賈說，然就其書而論，則重在設
官分職之關連性，據此以明瞭其執掌，亦可就前後相關
官職，而得見其兼用情況，頗有助於《周禮》之研析，
對於周代制度之理解亦頗有裨益。

　　《周禮經注節鈔》及《周禮注疏獻疑》二書另有一
重要特色，即在於兼容會通，如其釋「揚州其澤藪」，
則稱鄭玄注有「澤無水」、「藪後澤」及「水希曰藪」

---

27 《周禮注疏獻疑》卷5、頁36。

三說，許珩於此非責難其注疏之歧異，徒生紛擾，而「三義皆可通，非不相蒙也」，顯見其推求詳盡，周延解釋之作法，此對其後揚州的學術風貌，應有啟發作用。

肆、郭嵩燾的經學思想與
經世情懷

一、前　言

　　郭嵩燾[1]（1818-1891）是傳統教育下的經生儒者，早年學習桐城文法，推崇朱熹，研究心性義理。中進士後居喪在鄉，因逢太平軍起，遂投入曾國藩幕府，為湘軍籌餉建水師。後雖入翰林院，值南書房，但其主要政績在於協辦天津海防，清查山東稅務，均與經濟實業相關。郭嵩燾在江浙看到洋人的武器設備及商務運作方式，體會到當時的國家社會情況及政治運作方式，實已無法抵抗進侵的外國勢力，，官員若未能覺醒，政府未能有妥善的處理方式，則有滅國亡種的危機，故深入觀察洋人的生活習俗及應對方式，深入學習思考，提出簡

---

1 郭廷以《郭嵩燾年譜》（臺北：中央研究院近代史研究所，1971年）：「先生湖南湘陰人，姓郭氏，乳名齡兒，學名先杞，後改嵩燾，字伯琛，號筠仙，或作雲仙、筠軒、仁先。以嘗避亂居縣東玉池山，因別署玉池山農，晚更號玉池老人，築室曰養知書屋，學者又稱養知先生。」頁1。《清史稿》卷446有傳。

明深切的原則及做法，成為晚清少數熟習洋務的學者官員。光緒二年，郭嵩燾出使英國，光緒四年兼使法國，成為晚清首任駐外使臣。

郭嵩燾之洋務思想及政治作為，在當時雖飽受非議，但後人多予以肯定的評價，大抵公認其為清代接觸西方思想的學者中，能將傳統思想與西方學術融會貫通，身體力行的學者。

《清儒學案》稱其：「始宗晦庵，後致力於考據訓詁。治經先玩本文，采漢、宋諸說以求義之可通。博學慎思，歸於至當，初不囿於一家之言，故能溫故而知新，明體以達用。」[2]於其治經歷程及思想，頗得旨要，然對其思想在仕途及外交事務上的作為，則略而未及。

郭嵩燾的經學著作以《禮記質疑》四十九卷最著名，其思想核心，則係來自《周易》，發揮其經學思想者，在於《周易異同參》、《大學章句質疑》及《中庸章句質疑》三書。《禮記質疑》辨析鄭注及孔疏之若干疏誤未妥之處，論述其禮制觀點；《周易異同參》、《大學章句質疑》及《中庸章句質疑》，則闡述修身養性及經世濟民的思想；其觀點在仕宦理民的過程中，均具有關鍵作用。

---

2 徐世昌等編《清儒學案》（北京：中華書局，2009 年）卷 182〈養知學案〉，頁 7007。

今讀郭嵩燾的各篇奏議、《養知書屋文集、詩集》[3]、《使西紀程》、《倫敦與巴黎日記》等書,及《周易異同商》、《大學章句質疑》、《中庸章句質疑》、《禮記質疑》等經學論著,卻不難發現,郭氏務實的洋務思想,實來自於早年的理學教育,而其中禮教的觀念,更成為其思想的核心。無論是入值南書房,各書院講學及籌辦洋務與洋人交往的過程中,郭嵩燾均以「踐屨篤實、循依禮法」為念,故知其一生的功業實是其經學思想的具體呈現。

前人研究郭嵩燾的思想及成就,多在從政、洋務及外交方面,而於其經學思想的論述與闡發,則略有不足,故擬此題,以其經學著作為核心,並輔以日記及詩文集等書,一方面探究郭嵩燾以禮教為核心的經學思想,一方面探討其思想論述在晚清經學發展的意義;並以此為基礎,考察其參與洋務運動的基本精神及各種作為的思想意涵。

二、郭嵩燾的經學思想底蘊

郭嵩燾先世不以文名,自幼從父習句讀,後從李選臣及諸父學習,惟通時文義法以應制舉耳。及年十九,

3　本文徵引以 1971 年臺北文海書局影印光緒十九年(1893)養知書屋刊本為主,遇有疑義,則以 2012 年長沙岳麓書院出版《郭嵩燾全集》點校本參議。下文僅注明原刊卷頁,不另書版本。

就學長沙嶽麓書院，與吳英樾、曾國藩、劉蓉訂交，始知孔孟之學，聖賢之道。[4]其後科考仕途之際，往返京師、江浙，觀察時局變化，用心體會其中成敗得失的關鍵，思想日益精進，而確立以《易》為根本，[5]涵養性情，掌握消長之幾，考求變化原理，循禮以躬行，順勢以應世的學問之道。[6]

---

4 郭嵩燾《玉池老人自敍》（臺北：文海書局，1972 年）云：「吾年十八入庠序則已，歲為奔走衣食之計，總是十餘年，以館為生，然其志終不在溫飽。初遊嶽麓，與劉孟容中丞交莫逆。會曾文正公自京師就試，歸道長沙，與劉孟容舊好，欣然聯此。三人僦居公棧，盡數月之懽，怦怦然覺理解之漸見圓融，而神識之日增揚詡矣……曉然知有名節之說，薄視人世功名富貴，而求所以自立。數十年出處進退，以及辭受取與，一皆準之以義，未嘗稍自貶損，於人世議論毀譽，一無所動於其心。」頁 34。郭嵩燾原本精研詞章，劉蓉作書諷勉之。《養晦堂文集·與郭筠仙孝廉書》（臺北：文海出版社，1972 年）：「頃歲屢奉書勸吾弟務正學，窮經術，勿徒詞翰是習……學術之本在人心，其端甚微，苟本源未及提防，末流彌增泛濫，況乎志所存，習所趨，且以為固然，則毫釐千里之謬，宜有不待舉足而迷於戶庭之間者。」頁 235-243。
5 〈與陳懿叔〉：「鄙人讀《易》而內自省，亦頗有悟於吉凶悔吝之理。」（卷 10，頁 22）郭嵩燾以《易》為其經學思想的核心，以宋明儒者省悟的方式治學，將各家學說融入其思想中，〈李芊生六十壽序〉：「嘗讀老氏書，玩其旨意，言治天下皆寄也，其本在養身。其後莊周氏益闊其義而大暢於文，大抵重言道德，極之玄妙慮無，故曰：『道之真以治生，其土苴以治天下。』儒者譏之。然而聖人故曰：『成己，仁也，成物，智也，性之德也，合內外之道也。』聖人之成物，亦盡夫成己之量而無餘蘊矣，而固將有事焉。仁義禮智，隸之名物象數，而精義生於其中，初非虛揚之以為名。為道德之說者，將使精神專一，動合自然，贍足萬物，究紛紜蕃變之情而心不勞，充虛極靜篤之功而用不匱，如是謂之神全。神全握天下之樞以應無窮，視治天下固緒餘也。」（卷 15，頁 29。
6 王興國《郭嵩燾評傳》（南京：南京大學出版社，1998 年），第五章至第十四章分別論述郭嵩燾的學術思想，分別是「君與民交相維

　　郭郭嵩燾以《易》學為體的思想，主要呈現在《周易內傳箋》、《周易釋例》及《周易異同商》三部及文集中相關的論述。其中又以《周易內傳箋》為要，蓋其藉表彰王夫之（1619-1692）《周易內傳》，並以宋儒諸說，闡述其用《易》觀念。

　　以《易》為本之思想，其核心主旨有二：「明理」及「知幾」，其作《禮記質疑》，即是「以理明禮」，並於此論辨鄭注及恐疏之得失。「知幾」則在於考察事物之變化，測其發展，順於幾先，得「豫則立」之道焉。以此為基礎，其應用則在於「會通情理，循禮而躬行」。

（一）明理知幾

　　郭嵩燾稱「《易》之為義不可為典要，惟變所適，聖人所以體陰陽以裁成天地之大用也」[7]。其裁成之義則

　　繫的政治思想」、「窮究本末、全面學習西方的自強思想」、「以理制勝、以禮相待的和平外交思想」、「兵政同源而異用的軍事思想」、「以通商賈、阜財用為本圖的經濟思想」、「求實效不為虛語和得幾則勢如破竹的哲學思想」、「調和漢宋、堅持致用的經學考據思想」、「人心風俗為立國之本的倫理思想」、「政教、製造無不出於學的教育科技思想」、「有我性情學問的文學藝術思想」。其分項論述不可謂不詳盡，然將郭嵩燾的經學侷限在「調和漢宋、堅持致用」，無視郭氏從義理考據入門，從明理涵養出發的修持工夫及經世抱負，亦可謂不知嵩燾矣。王氏所論的郭氏思想，實皆屬其經學思想的應用。

7 《周易內傳箋》（《郭嵩燾全集》冊 1，長沙：岳麓書社，2012 年）卷 3，頁 215。

在於「息陰陽之爭」[8]，其裁成之道在於理解天之常道，
而順其常變，克己節性以成德，〈震卦‧象傳〉「其匪
正有眚，不利有攸往」案云：

> 非常之變，聖人之所懼也。王者，象天之豫以行
> 賞，象天之怒以行罰，一因天道之自然。自然者，
> 常也，可以无妄名也。法天之无妄以往而圖功，
> 則亦人為之妄矣，天其祐之哉！故測无妄者！故
> 測无妄之幾者，聖人猶難之；聖人法天之常而不
> 敢法天之變也。[9]

又〈坤卦‧文言〉「積善之家，必有餘慶」案云：

> 坤以順為德，順者，順從陽也。若自順其陰，則
> 漸流為逆而不自知，故夫順其性而不知節者，禽
> 獸也。君子之學曰克己，曰節性，曰變化氣質，
> 皆逆以制之，人之所以異以禽獸者此爾。[10]

　　顯見郭嵩燾認為天道不可逆，盈虛有時，自須順德
而行。然其德乃剛健充沛之行，而非流俗之陰柔詭詐，
此係來自克己復禮之自我節制，既為成德之塗，亦為處
逆勢之道，其於〈剝卦‧象傳〉「君子尚消息盈虛，天
行也」，案云：

---

8 《周易內傳箋》卷2，頁149。〈剝卦‧六五〉爻辭案語。其言曰：
　　「聖人所以體盈虛消息之機，以息陰陽之爭也。」
9 《周易內傳箋》卷2，頁161。
10 《周易內傳箋》卷1，頁39。

順止之義，於剝無取，蓋聖人推廣言之，以明君
子處剝之道也。觀象當連下讀，君子觀剝之象，
以知消息盈虛之理。群陰方盛，其能強遏哉？順
而止之而已！[11]

對照郭氏所處之晚清局勢，則知其所謂不可強遏者，殆
指西方之制度及長技，唯有順其勢而變革調整，終有中
止其侵犯掠奪之時。

（二）會通情理，循《禮》以躬行

　　宋元之後，士人學習聖賢及論述經典古籍的方式之
途徑，有自性理思辨或名物考據著手的不同，依此發展，
則有義理學及考據學，學者以其熟習擅長的途徑，建立
自身的學術思想。郭嵩燾認為問學之途徑雖有不同，然
其要旨均在於詳究天人之道，學習聖賢，體會立身行事
的道理，作為待人從政的原則；此原則則是來自天地自
然之道及內心的體會及確認，而後能身體力行，故稱：
「禮者，天之所秩而用於人，乾在下之象；履者，足之
所踐，震在上之象。內知非禮，外能勿履，顏子所以積
剛以成學也。」[12]顯見其理乃以禮為核心，克己復禮，
雖富貴貧賤而不移，故稱君子於其所學，在於「求得于
心而已」。《中庸章句質疑・序》論云：

11　《周易內傳箋》卷2，頁146。
12　《周易內傳箋》卷3〈履卦・象辭〉案語，頁211。

聖人之道，其蹟存乎名物象數之末，而其精究乎天人。精者，未易以言傳也。循乎名物象數而得其秩敘之節，而禮行焉。又易以講習討論之功，而學興焉。其傳之人而見之于其書者，名物象數之跡而已。積累之久而得其精微，於是而有成德之君子，用其躬行實踐之效以鼓舞整齊天下，而知聖賢之可學而至，奮起而賡續之，而天下之言學者紛然出于一途。一不由此，謂之雜學。既久而其說寖微，又返而求之名物象數，以是為實學。天下又靡然從之，以成乎風會。循實以求之，考求名物象數，其制行必皆卓絕。

言性理者，兼綜博覽，通知古今之變，亦豈不由學問之深哉？而各據其一端以相勝，亦皆以自成其說，以務張其所學。其倡為是言者，實亦有轉移天下之力。

而君子之為學，求得于心而已，必能不從乎風會以與為流波，而後可言自立。[13]

---

13 《養知書屋文集》卷 3，頁 7-8。郭嵩燾將漢、宋儒者學思要義，統歸於三代聖賢之學，其要旨在於節民性而興民德，用之於起居日用之常，進退揖讓之節。〈重建湘水校經堂記〉云：「古者學校崇四術，立四教，順先王《詩》《書》禮樂以造士，所以節民性而興民德，一本于經。自周之衰，聖人修明纂述，以教萬世。……窺理道之精，達人事之變，以蘄至于察人倫、明庶務，下至起居日用之常，進退揖讓之節，莫不備於其中。……漢承秦毀滅《詩》《書》之餘，稍求遺書，置五經博士，聚講于京師。諸儒通一經者，又各

晚清因世局變化，清代前期盛行的考據與義理，頗有轉為應世為用之趨勢，郭嵩燾自義理出發，近以求「人事進退之宜」，遠則求天下國家相處之道，〈與陳懿叔〉云：

> 治經當求通聖人之志，而非通其文，則志固無由通。文、周之演《易》，推陰陽消長之數，以知人事進退之宜，其旨微，其辭深。聖人贊之，贊此而已。

> 蒙嘗笑古經生多不達聖賢立言之妙。《中庸》以智仁勇三者為入德之方，〈哀公問政〉章總著之，推闡無餘蘊矣，而後之總結之曰：「雖愚必明，雖柔必強。」明者知也，強者勇也，舉知與勇，而仁在其中矣。[14]

以顓門教授鄉里。天下之士，爭以經明行修相獎為名。朝廷設六藝之科以整齊天下。非經博士講授，以異師法，悉屏不錄。是以學出於一，人才之美，風俗之淳，怳然見三代之遺。有宋諸儒出，不專治經，然其所謂師法，相與尊守之，轉相傳授，人才尤盛焉。班氏之傳儒林，以為百有餘年，支葉蕃滋，蓋利祿之途然也。有宋諸儒於此急正義利之防。諸經訓詁時有出入，而微言大義，所以振發人心尤至。于聖人成己成物之學，一反求之心性本源之地，以立之基。而所用為學者，終亦不能離六經之文以自為說。歷元至明，其風浸微，然老師大儒昌明正學，往往而在。至於今日，而遂泯然無有講論及此者矣。學校之敝，人心風俗之偷，豈小故哉！《養知書屋文集》卷26，頁9。

14 《養知書屋文集》卷10，頁23。郭嵩燾亟申智仁勇之義及其功用，〈松錫侯廉訪五十壽序〉：「聖人治天下，極其用，曰智，曰仁，曰勇，是以謂之達德。惟智也，見之明；惟仁也，守之定；惟勇也，

士人讀書以求通貫聖人之志，及其通達，則能明辨事理，堅持理念而不枉曲，故既智且勇；用之行事從政，則「極天下之艱難險阻以求其通，察人心之曲折糾紛以盡其變；行乎剛毅而自遂其剛毅焉，行乎廉讓而自遂其廉讓焉」[15]，郭嵩燾稱「君子惟得乎此，是以其道用之而不窮，而介焉不與俗相混」。既知學問之道，入德之方，而分辨俗學與常道之不同，郭嵩燾用以檢視當世流俗及讀書人，則感嘆其未通曉聖人之道，「役聰明馳騁文字之間」、「矯誣浮敝」，實無益於世，〈送朱肯甫學使還朝序〉論云：

行之決。而或終身由於其途，而行焉不著，習焉不察，惟不知故也。故曰知德者鮮矣。知之而守吾心之誠然，以行之不疑，而德乃備。謂之達德者，達之天下而無不宜也。」《養知書屋文集》卷 15，頁 10。

15 〈送李申甫方伯西歸序〉，《養知書屋文集》卷 15，頁 2。李申甫即李榕（1819-1889），四川劍閣人，咸豐二年進士。郭嵩燾強調俗學之務去，而後聖賢之道可求而得。《郭嵩燾日記》（長沙：湖南人民出版社，1981 年）咸豐六年三月十日引韓愈及張載之言而後論曰：「志乎古必戾乎今，學問事功一也。苟欲有為於世，有多少不能隨俗處。後世只是強順人情，所以無遠略。然不如是，又有多少窒礙，孔孟所以畢世栖皇，終不肯小就。橫渠言：鄉愿徇欲而畏人，乃穿窬之心。立言稍過，鄉愿祇是善順人情。世俗之人只見得如此，遂交譽之，所以亂道……大抵世俗之見不除，便一無是處。所以聖賢務在遠俗。及其措而行之，範圍不過，曲成不遺，乃以轉移一世之風氣。唐虞之於變，文王之□和，必先有多少變革不安俗處。聖人氣魄大，運量神，故是不覺。鄉愿硜硜之見，混俗自安，豈有濟哉！今人□鄉愿自然之氣質，而從俗以為名，乃張子所謂穿窬之心者也。」頁 55。

> 士敝於俗學久矣，其所習務外為美觀，而檢治其
> 身與心，無有也，其所為學，役聰明馳騁文字之
> 間，而通知古今治亂之源與民物所以相維繫，無
> 有也。師儒用之以為教，有司循之以為政，賢且
> 能者數張文飾以為容悅，以成乎矯誣浮敝之天
> 下。學之不修，豈小故哉！[16]

此不難看出郭嵩燾對當時士人的評價，既無志於化成天
下，[17]又不能「通知古今治亂之源與民物所以相維繫」，
則何能從政理民？士大夫無識，面對時局變化，既不探
求事情始末，亦不思索未來發展，苟求簡便，實使國家
陷入危局，其論咸豐、同治年間肅順嚴刑峻法以求實效，
而引發天下騷動不安的結果，頗為感嘆，因此，冀能結
交有志之士以論行之，〈復嚴仙舫丈〉云：

> 天下之才有矣，而學難；學矣，而識難。天下之
> 亂，由大臣之無識釀成之。冀稍讀書觀理，期有

---

16 《養知書屋文集》卷 14，頁 1。朱肯甫即朱逌然（1836-1882），
　浙江餘姚人，字肯夫。同治元年進士，受翰林編修，督湖南、四川
　學政，官至詹事。

17 郭嵩燾亟言聖賢化成天下之義，以此為士人讀書之要義，〈朱禹田
　六十壽序〉：「生物之鑰司於天，愛物成物之權，散寄於聖賢豪傑。
　立功所以與德並重。所謂功者，有益於人而非利己也。修孝弟於家，
　敦任恤於鄉里，使一鄉之人蒙其福惠，即是之謂功。」《養知書屋
　文集》卷 15，頁 31。

> 所得，與一二知者辨論其所以然，此則嵩燾心願
> 之所存也。[18]

藉由友朋論道，互相砥礪，探求文化精義，以救治無識之士所造成的社會政治問題，以求天下歸於平治，充分展現處於亂世的文人，所懷抱的崇高情懷。

三、以《易》為本，究乎天人的問學之道

《易》理的本末變化，乃郭氏學術思想的基礎，用於考察世變，推知未來的發展，同時亦為策謀從政及應對進退的依據。

（一）研幾察理，探究本末，用《易》行事

郭嵩燾認為讀書治學既求通曉聖賢之道，又視應用所學以經世濟民為要務；故其立身行事，恆以古聖先賢之言行依歸，分辨事物的終始本末及緩急輕重為要務，其《周易內傳箋》中屢引項平世（1129-1208）說以發其旨。如〈乾卦・九四〉「或躍在淵」案云：

---

18 見〈復嚴仙舫丈〉，《養知書屋文集》卷 9。嚴仙舫名正基（1786-1864）又字厚吾。生平傳略見宗稷辰〈通政使司通政使仙舫嚴府君墓志銘〉。

項平甫言「龍之得水猶人之得時」。淵本龍之所
居，即時而躍，故曰進無咎，曰行事，曰自試，
曰及時，並無取退處於淵之義。[19]

所謂「及時而躍」即為《易》學之幾，郭氏論事務成敗
之關鍵，修道論政均以此為要務，〈復羅小溪〉云：

鄙人近數年頗有悟於《周易》言幾之旨，以為道
非誠不立，非幾不行，事之大小，天下之治亂，
皆有幾者行其間，天也，固人也。

僕更涉世故，本乏材用，默念道消道長之機，以
審其進退去就，決然無可疑者。人事之是非，事
機之得失，攸攸今古，誰與論之，君子研機於心，
觀事於理，以俟千古之有知者。讀書躬耕，吾事
也。[20]

又〈與周壽山〉曰：

嘗論天下事只坐一「幾」字，非徒大政之行、大
變之生，知幾之君子所必爭也。一事之成毀，一
言之從違，與夫人心一日之向背，皆有幾焉。凡
一滯而百端為之壅塞。周子屢言幾，誠哉知天人

---

19 《周易內傳箋》（《郭嵩燾全集》冊 1。長沙：岳麓書社，2012 年）
　　卷 1，頁 9。
20 《養知書屋文集》卷 10，頁 9。

> 之變而妙理勢之通者也……《周易》，憂患之書
> 也，而動必以幾。[21]

本末機變為世道變化之根本，立本見末，察機知變，以
此求立身之道，則雖危而無害，雖險而不亡，而所謂本，
則在於道德文章，而非經費多寡，郭嵩燾將此思想，用
之於實際行政管理，其〈書城南書院經費冊端〉云：

> 無道德文章之益以資於人，而校量出入，虞經費
> 之有缺，所謂舍本而徇末者也？夫本與末，相須
> 也。[22]

書院是傳統教育下士人養成之所，郭嵩燾強調以教化人
民、培育士人的道德修養為先，而不計經費缺盈的教育
理念，正顯示其內心深持的聖賢之道。而此思想觀念，
郭嵩燾不只表現在教育辦學上，更表現在經濟實業上，
〈鐵路議〉云：

> 知其本而後可以論事之之當否，知其末而後可以
> 計利之盈絀，本者何？人心風俗而已矣。末者
> 何？通工商之業，立富強之基凡皆以為利也。人
> 心厚，風俗純，則本治；公私兩得其利，則末治。
> [23]

21　《養知書屋文集》卷9頁16。
22　《養知書屋文集》卷8，頁20。
23　《養知書屋文集》卷28，頁12。

郭嵩燾反對鐵路興建，頗受當世所質疑，[24]然其顯見在民智未開，文化未隨經濟轉化之前，鐵路交通之方便，實多成為昏官商賈與洋人掠奪物資之用，不僅未能富民，且轉為民害，此均顯見郭嵩燾雖奉行程朱理學，但能掌握文化精髓，並化為經世之用，非一般「平時袖手談心性」者可比。

（二）窮理修身：明達通情，順勢應世

強調「理」以應對事務，原是郭嵩燾至交曾國藩立身行事的準則，郭嵩燾稱：「衡之以理，審之以天下大勢，而其情亦莫能遁焉。」[25]亦見其義。然明理以「識」為本，故郭嵩燾謂「君子立身處世，以識為本」[26]，「凡仁與勇生于識，故三達德以知為先」[27]，其所謂「識」，殆指明辨「數千年是非得失，利病治亂之實跡」[28]的能力，故知其著重之見識，即是了解事理。郭嵩燾感嘆時人之無識，〈上沈尚書〉曰：

---

24 王先謙〈郭筠仙先生西法畫像序贊〉稱郭嵩燾：「與合肥相國（李鴻章）立言鐵路不可行於中國。」見《虛受堂文集》（臺北：文華出版公司影印光緒 26 年刊本，1966 年）卷 15 頁 9。郭嵩燾〈致李傅相〉（卷 13，頁 17-32）二文及〈鐵路議〉、〈鐵路後議〉中亟言鐵路之害，主要有二：國人民心風俗之失，商賈強權蹂踐剿掠之害。詳見《養知書屋文集》相關論述。

25 見〈復方子聽〉，《養知書屋文集》卷 9，頁 8。

26 見〈復方子聽〉，《養知書屋文集》卷 9，頁 11。

27 見〈復張竹汀〉，《養知書屋文集》卷 9，頁 5。

28 見〈復方子聽〉，《養知書屋文集》卷 9，頁 10。

> 天下事,一理而已。理得而後揣之以情,揆之以
> 勢,乃以平天下之險阻而無推。漢、唐以來,控
> 御夷狄之規模有得有失,而理、勢、情三者必能
> 稍辨其大概,然後可以制一時之勝而圖數十年之
> 安。[29]

又〈讀論語二則〉云:

> 王者創業垂統,以下逮諸侯,道其常而已。不幸
> 而出於變,反覆相尋以求其安,必積之久而後
> 定。惟聖人為能制權。天時人事之窮,以道貞勝,
> 而有以通其變,後世守之為常法,聖人于其時創
> 而行之,則全道也……勝人為之,必更有反經合
> 道,以興起人心者。[30]

〈張小野夢因閣詩集序〉:

> 孔子論詩,以達于政、專對四方為義。夫必古今
> 之事,變熟于中,而政以通焉;民物之情偽衷于
> 要,而言以昌焉。[31]

郭嵩燾將「聖人觀人心之通以達人情之變」[32]視為修身
治事的最高原則,不僅用於內政治理及平亂,亦用在洋
務上,認為此是與外人交往的唯一法則。

---

29 《養知書屋文集》卷 9,頁 11。
30 《養知書屋文集》卷 1,頁 8。
31 《養知書屋文集》卷 4,頁 14。

3、取法聖賢：積極進取，實踐所學

郭嵩燾在科考功名上雖多遭困阨，然卻不減其為士人修道達德，積極為國為民的心志，〈張茇潭七十壽序〉云：

> 士大夫居官而無益於國，居鄉而無益於鄰里，是與林之鶴、淵之魚、深山之木石無異，雖壽千百，亦奚以為！[33]

又〈志城五十壽序〉云：

> 聖賢汲汲於天下之利病，非自侈其之智之能謀、力之能任也，其心有不得已者焉，而將藉手以胥致之康樂。[34]

此表現在出處進退上，均表現出文人關懷民瘼，關心國家安危的深刻的意義，其〈復秘月生〉所疑，曰：

---

32 《養知書屋文集》卷 1，〈周官九兩繫民說〉，頁 6。

33 《養知書屋文集》卷 16，頁 6。

34 《養知書屋文集》卷 16，頁 16。又〈蕭廉泉七十壽序〉：「古之君子，得一官自效，必有灑然求達其志之心，而後審量民生之疾苦、事之當否，推而行焉，以無歉乎其志。然至一官而累而上焉者數輩，一事而綜而議焉者又數輩，勢積重而權益輕，扞格參差，所不能自達者多矣。而其志之所存，苟見為得失出入，繫乎民與事者大也，負焉而必得。所請不得，則浩然歸耳。是視其身之遭逢利達為儻然之應，誠有不屑意也。而惟賢者為能自達其志。」《養知書屋文集》卷 15，頁 27。

抑僕之所處，非敢以退為義也。其「觀」之三爻
乎？曰：「觀我生進退。」退不失時，進不失志，
未敢庶幾君子之道，而心竊嚮往之。時事益艱，
今之時非古之時也，吾輩正不知所以自處，所以
自審者，此而已。[35]

此種信念，為郭嵩燾終其一生所謹守，當期出使英法，
備受副使劉錫鴻之掣肘。然其始終堅持為國事盡力之
志，亦盡力說服朝中主事官員支持其與外國人往來的方
式。〈致黎蒓齋〉云：「聞君子之行道也，必有以振厲
天下之人心而使服，柔和生人之氣而使之馴，而後不疑
于行。」[36]

四、講學從政與洋務運動的經學實踐

郭嵩燾是傳統教育出身的儒生，在科舉考試制度
下，熟習《四書》、《五經》，而其亦深信天下之理，
蘊涵於經典之中，通經致用為其畢生之實踐，其〈大學
章句質疑序〉云：

---

35 《養知書屋文集》卷 9，頁 4。
36 《養知書屋文集》卷 13，頁 32。黎蒓齋即黎庶昌（1837-1896），
貴州遵義人。早年與鄭珍同向黎恂學習，後入曾國藩幕府，名列曾
門四弟子。光緒二年隨郭嵩燾出使英法，光緒七年（1881）後兩度
出使日本。著有《拙尊園叢稿》、《西洋雜志》等書。《清史稿》
卷 446 有傳

> 嵩燾於朱子之書，沈潛有年，而知聖人盡性以盡
> 人之性，統于明德、新民二者而其道一裕之學，
> 學者，致知、誠意，極於修身 ，止矣，致知之
> 道廣，而具于心者約。誠意之功嚴，而盡天下之
> 事固無不包矣。[37]

郭氏出仕後，其政務雖遍及財稅、軍務，後有以熟悉洋
務著稱，然其對西方世界的認識及洋務觀念的核心，卻
是以傳統文化及經學為基礎，〈致沈幼丹制軍〉云：

> 體察天下大勢，與西洋交涉已成終古不易之局。
> 彼方一切取成於學，逼處環伺以相詰難，而我貿
> 貿焉無以應之，實亦吾輩之大恥。往與何愿船部
> 郎論洋務，深中肯綮，問何曾涉歷洋務乎，曰：
> 「未也。經史傳記、先儒百家之言昭著燦列，奚
> 待涉歷而知之！」嵩燾驚嘆其言，以為極古今之
> 變，不越此理而已，苟通其理，萬事萬物無弗通
> 者。其後周旋士大夫，見所言能徵之實，其讀書
> 觀理所得必多矣。[38]

---

37 《養知書屋文集》卷 3，頁 5。

38 《養知書屋文集》卷 11，頁 14。幼丹，沈葆楨（1820-1879）字。
此書作於光緒四年（1878），時沈氏任兩江總督兼南洋大臣。何愿
船即何秋濤（1824-1862），道光二十四年進士。郭嵩燾頗認同何
秋濤言，《使西紀程》（北京：三聯書店，1998）中亦載此事，云：
「往聞何愿船談洋務深中窾要，怪而問之，答曰：『六經周秦古書，
下逮儒先論著，準以歷代之史，參考互證，顯然明白，世俗議論，
只自豪耳，何足為據！』此謂之學識。」頁 69。

其〈致黎蒓齋〉則稱：

> 嘗論陰陽消長之機，否泰治亂，交互相乘，自古
> 為然。方始命使時，迫于外人之請求，非國家本
> 懷也，而實中外交涉機之所自開。嵩燾疏庸迂
> 拙，無所知曉，而自西洋肇亂廣南，考求其本末，
> 證以古今世局，又益寢饋三代及周、秦以來流極
> 變通之勢，常若有所省悟。下視漢、唐二千餘年，
> 苟能推知利病之所在，以求安國庇民，必其于聖
> 賢言論與其所以存心有合者也。[39]

顯見其郭嵩燾通籍從政後，由幕僚至封疆大吏，而辦理
洋務，出使外洋，一本其胸懷固持的文化思想，即士人
應承擔天下安危的觀念，其評論當時士人之普遍無識固
然，抨擊張之洞修築鐵道的政策，實未明當時國政的先
後緩急，亦是如此。〈與曾沅甫〉論云：

> 君子之仕也，行其道也。道足以濟世，摩頂為之
> 而不為過；道足以自靖，鞠躬將之而不為迂……
> 來書謂鄙人稍能通知事務，可以贊益中丞，是
> 也。然兄所知，知其理而已。天下藉藉，與為義
> 憤而無當於理，則鄙人所憂。[40]

---

39 《養知書屋文集》卷13，頁30。
40 《養知書屋文集》卷10，頁21。

郭嵩燾觀察當時洋務，主事者既淺陋無識，行事又荒謬不經，眼見國事日蹇，危在旦夕，故一方面大力抨擊主事者及其政策作為，一方面積極提出符合情理及時勢變化的洋務觀點，欲挽狂瀾於既倒。

（一）義理學的實踐，明德新民的政治作為

郭嵩燾不僅熟習諸經，亦頗能用之以觀察世局人心，故其重視晚清修築鐵路對風俗民情之影響，其讀《孟子》「惟大人為能格君心之非」論云：

> 夫能辨知其心之非而格之，人與政之得失皆可言也，不能辨知其心之非而格之，人與政之得失無可言也。[41]

格心之非，不僅用在對帝王封疆輔臣的勸諫上，郭嵩燾亦欲用以革新「士愈多，人才愈乏，風俗愈偷」[42]之社會情況。清政局頹壞，內外交迫，各地民變繼起，郭嵩燾認為革新人心風俗，方為國家富強之道，其〈致李傅相〉云：

41　〈讀孟子〉，《養知書屋文集》卷 1，頁 11。
42　〈論士〉，《養知書屋文集》卷 2，頁 2。

> 國家大計，必先立其本。其見為富強之效者，末
> 也。本者何？綱紀法度、人心風俗是也。無其本
> 而言富強，只益其侵耗而已。[43]

　　綱紀法度既為國家富強之基礎，則其為施政之先，
然其建立，首在於準乎人情，施政躬為民先而身體力行，
與民同甘而為聽其自化，則國事可為，郭嵩燾在其日記
中論云：

> 與楊鳳山敘述近事，予因言天下皆人情為之，故
> 事必順人情，亟刑苛斂之政，苟準民情出之，事
> 未有不集者。鳳山言近日霸道將窮，仍須參以王
> 道。余曰：非也，王霸皆準民情，王道以誠，霸
> 道以偽。王道躬為民先而聽其自化，霸道急求之
> 民，故曰五霸假之，謂其假行仁義之跡也。州吁
> 之安忍無親，豈得為霸道哉。今日合眾人之心，
> 孜孜不倦，蘄及霸道之萬一，亦庶幾其可矣。[44]

以民情為準之為，雖非現代之民主，而其深刻繼承孟子
「民本」之思想，分辨王霸之別，上以勵精圖治，下則
勤求吏治，寬容百姓，以求保國安民之策，其〈致瞿子
玖〉云：

43　《養知書屋文集》卷 13，頁 18。
44　《郭嵩燾日記》（長沙：湖南人民出版社，1981）卷 1，咸豐六年
　　四月廿五日。

涉歷二十餘年以來，見諸言事者毛舉多端，為綜
核名實之說，而後慨然嘆息……處末流之世，紀
綱法度廢弛久矣，人心變幻百出，日益不可窮
詰。於此當益勤求吏治，培養國脈，靜以俟之，
寬以容之，力求保國安民，使不至困亂無告，則
猶可庶幾也。習世俗之見，剽竊一二古人之言，
目擊時事之日非，立言陳計，謂可稍圖補救，尤
君子之所慎也。[45]

郭嵩燾自知身「處末流之世」，內外交迫，生靈塗炭，
國家危在旦夕，百姓惶恐不安之時，儒士以天下蒼生為
念，自當挺身而出，勤敏從政，補救國家於危難之中，
郭氏立身從政以此為念，故無論輔助曾國藩擊剿太平軍
或任廣東巡撫，均政績卓著。

（二）理勢兼顧，與時俱進的改革之道

晚清國政衰弱，在列強的租借割據之下，清國幾成
殖民地，難獲國際地位，清廷各級政府與西方官商亦難
有平等地位，清廷官員面對洋務及洋人，且不知何以自
處。郭嵩燾於此強調分辨曲直，理勢兼顧之原則，作為
應對之道，〈擬銷假論洋務疏〉云：

---

45 《養知書屋文集》卷 13，頁 24。瞿子玖，即瞿鴻機（1850-1918），
湖南善化人，同治十年進士。號止盫，晚號西岩老人，諡文慎。《清
史稿》卷 437 有傳。

> 竊謂辦理洋務，一言以蔽之，曰：講求應付之方
> 而已矣。應付之方，不越理、勢二者。勢者，人
> 與我共之者也。有彼所必爭之，勢有我所必爭之
> 勢，權其輕重緩急，必使事理了然於心，彼之所
> 爭不能不應者也。彼所必爭而亦我之所必爭，有
> 所萬不能應者也，宜應者，許之更無遲疑，不宜
> 應者拒之亦更無，屈撓，斯之謂勢，理者所以自
> 處也。自古中外交兵，先審曲直，勢足而理固不
> 能違，勢不足而別無可恃，尤恃理以折之。[46]

「審時度勢」之觀念不時出現在郭嵩燾論述中，其強調
緩急輕重之分辨，不僅具有積極之應世態度，亦有國格
人品之堅持，可見其在亂世中的經世情懷。然郭嵩燾感
嘆朝中之士大夫，實無可與言者，〈與龍皞臣〉云：

> 西夷之禍，自謂能見及之而痛言之。京師留心世
> 務有學識如君者固不多得，而無能一發其憤憤，
> 其他則又何說……老朽不才，直欲目空古人，非
> 直當世之不足與議而已。[47]

郭嵩燾觀察當時洋務，主事者既淺陋無識，行事又荒謬
不經，眼見國事日蹇，危在旦夕，故一方面大力抨擊主
事者及其政策作為，一方面積極提出符合情理及時勢變
化的洋務觀點，欲挽狂瀾於既倒。

46　《郭侍郎奏議》（《養知書屋遺集》，清光緒 18 年刻本）卷 12。
47　《養知書屋文集》卷 10，頁 6。

　　因長期考察洋人在中國之行事，並與其互動交往之故，郭嵩燾深悉洋人之論事之原則與依據，故對當時官員的任事態度，頗為鄙視，其〈致曾劼剛〉論云：

> 竊睹近時行政，處處抵窒，處處虛誑。在事者承迎觀望，仰窺朝廷意所向，以求免過，無敢異同鄭州決口之不能遽塞，人皆知之，而無能建言疏浚，以為朝廷之意在堵塞決口而已。[48]

因其看不慣當時的官僚作風，故在論述上，不時提出其體認的傳統文化的核心價值，以作為論世及行政的基礎。

　　面對外患盈門的晚清，洋務是國家政務的重心，然主政者一對外情無所理解，二又思欺偽以求苟安，故國政日弊，郭嵩燾〈致毛寄雲中丞〉論云：

> 承示總理洋務所復揆帥一咨，含混支離，于地勢、商情、事理都無通曉……言語閃爍，莫能得其要領，與揆帥原咨，如盲者相遇于途，指東畫西，互相賡和而俱無所見也。[49]

所謂「莫能得其要領」者，在於背棄禮義與理法，又不知天下之大，不知世界情勢之變化及外國的風俗制度，〈復方子聽〉云：

---

48 《養知書屋文集》卷 13，頁 15。
49 《養知書屋文集》卷 9，頁 14。

> 事有成敗，理有得失，不相掩也，今天下能辨此
> 者，舍我而誰哉……處極弱之勢，無可據之理，
> 又於外夷情形懵然不知考究，而思以詐勝。僕再
> 三陳辨，則懷憾而力傾之。[50]

面對此種情況，可以體會郭嵩燾之悲痛無力，與感傷，
他認為當時的洋務運動，實為失禮無識的運動，實出於
無識儒生之煽誘愚民，而最終失掉了整個國家，〈與曾
中堂〉云：

> 《傳》曰：「惟禮可以已亂。」奈何自處於無禮，
> 以長亂而助之披猖乎！至於寇亂之生，由一二姦
> 頑煽誘，愚民無知相聚以逞，遂至不可禁制，所
> 欲拆毀教堂者，無識之儒生耳，其坿和以逞，則
> 愚民乘勢鈔掠為利，民數聚則氣囂，氣囂則法
> 廢，造意不同，而其足以致亂一也。[51]

又〈致黎蒓齋〉云：

50　《養知書屋文集》卷 9，頁 10。
51　《養知書屋文集》卷 10，頁 17。郭嵩燾著《綏邊徵實》，屢言南
　　宋以來，士大夫無識，遂不知應對外夷之道。卷 10〈與曾沅甫〉：
　　「自南宋以來，議論猥繁，而控御夷狄之道絕於天下者五百餘年。
　　賢者惟知引身以避之而已。」〈擬銷假論洋務疏〉：「竊見辦理洋
　　務三十年，中外諸臣一襲南宋以後之議論，以和為辱，以戰為高，
　　積成數百年氣習。其自北宋以前，上推至漢唐，綏邊應敵，深謀遠
　　略，載在史冊，未嘗省覽，洋人情勢，尤所茫然，無能推測其底蘊
　　而窺知其究竟。」見《郭侍郎奏議》（《養知書屋遺集》，清光緒
　　18 年刻本）卷 12，頁 6。

> 在廷紛擾之辨爭，波動風靡，其初峻拒之，其後
> 又眩亂顛倒而爭趨之，倏從倏違，反覆變幻，以
> 此處中外之交，終無有會同翕伏之望也。[52]

就此，郭嵩燾提出洋務須「循理通情」與「與時俱進」，
此均以傳統文化為核心的積極作為。

（三）循理通情的洋務觀點

郭嵩燾強調與外人交往必須依據情理，正視外國富
強的情況及社會規範，以平等尊重的態度對待外國，故
以禮節相對待，以理義往來交涉。此態度來自於對西方
國情的的認識，其論云：

> 西洋立國，本末兼資，其君民上下同心一力，以
> 求所以自立，正須推考其情勢，究知其利病，遇
> 有處辦事件，即可略得其梗概，而其講求邦交，
> 蓄意見好，此風氣開自百餘年之前，各國遣使互
> 相駐紮，遂成國家一大政。[53]

又〈復李次青〉云：

> 三代聖人撫綏中外，寬之以情，隆之以禮，其言
> 具在，而在今日尤為安危利病之大幾。《易》曰：
> 「君子居其室，出其言，善則千里之外應之，不

---

52 《養知書屋文集》卷 13，頁 31。
53 《玉池老人自敘》，頁 27。

善則千里之外違之。」其應與違，皆吾民也，猶
能相為反覆。洋人眈眈環視，其應也尤捷，其動
而有違也遂亦無可補救。以言乎遠則相距數萬
里，以言乎近則咫尺也。君子於此知敬慎焉。故
曰：樞機之發，榮辱之主也。[54]

郭氏晚年反視一生的洋務運動，認為其行事基礎，均出
於讀書觀史所體會的文化情懷，〈罪言存略小引〉云：

嵩燾年二十而禁煙興，天下紛然議海防……癸卯
館辰州，見張曉峰太守，語禁菸事本末，恍然悟
自古邊患之興，皆由措理失宜無可易者。嗣是讀
書觀史，乃稍能窺知其節要而辨正其得失……間
語洋務，則往往摘發於事前，而其後皆驗，於是
有謂嵩燾能知洋務者。其時于泰西政教風俗、所
以致富強，茫無所知，所持獨理而已。癸亥秋，
權撫粵東，就所知與處斷事理之當否，則凡洋人
所要求，皆可以理格之，其所抗阻，又皆可以禮
通之。乃稍以自信。退而與諸人，一皆扞隔而不
能入，矜張傲睨而不能與深求。蓋自南宋以來諸
儒之議論，錮蔽于心七八百年，未易奏化也。[55]

54　《養知書屋文集》卷 12，頁 20-21。
55　《養知書屋文集》卷 3，頁 18-19。

其中所謂的「理」，自非宋明理學倡議的心性理氣之學，而是傳統「禮教」與孔孟與時俱進的應世之道。顯見其深契傳統文化之要義，而又不為其所拘限。

（四）契會經史，與時俱進的世界觀念

晚清世界局勢，為千古未有之變局，士人於當世多芒無所措，郭嵩燾既與洋人交，處理通商洋務，又出使英法，自是有深刻的體會，然其中因革損益的變化與應對之道，仍須自傳統文化中尋求，其〈倫敦致李伯相〉曰：

> 前歲入都，本意推求古今事宜，辨其異同得失，自隋、唐之世與西洋通商，已歷千數百年，因鴉片烟之禁而構難，以次增加各海口，內達長江，其勢日逼，其患日深。宜究明其本末，條具其所以致富強之實而發明其用心，而後中國所以自處與其所以處人者，皆可以知其節要……（嵩燾）讀書觀理，歷考古今事變而得之，於舉世嗤笑之中，求所以為保邦制國之經以自立於不敝……《傳》曰：「天之生此民也，使先知覺後知，使先覺覺後覺也。」先知先覺之任，必朝廷大臣任之。是以政教明則士大夫之議論自息，亦在朝廷斷行之而已。[56]

---

56 《養知書屋文集》卷 11，頁 2-3。

當列強外侮進逼，國家面臨存亡之際，國內士人茫然不知所措，對於洋務及洋務執行者，則始於敷衍應付，既以欺瞞偽詐，國家百姓終承受其害於無止境，其〈與曾中堂〉云：

> 國家辦理夷務二十餘年，大抵始以欺謾，而終反受其陵踐，其原坐不知事理。天下藉藉，相為氣憤，皆出南宋後議論。歷漢、唐千餘年以及南宋，事實無能一加考究，此其蔽也。《傳》曰：「惟禮可以已亂。」奈何自處於無禮，以長亂而助之披猖乎！

> 《傳》所謂「度德量力」，易知也，所謂「徵辭察有罪」，則不專論勢之強弱，而論理之是非。[57]

郭嵩燾在舉世頓足長歎，嘩笑悲鳴之中，以其讀書觀理所得，獨發長義，欲以覺士明政，使國家步履於康莊大道，其深刻文化意識，積極的經世情懷，於今讀之，仍為之讚嘆。

57　《養知書屋文集》卷 10，頁 17。郭嵩燾著《綏邊徵實》，屢言南宋以來，士大夫無識，遂不知應對外夷之道。卷 10〈與曾沅甫〉：「自南宋以來，議論猥繁，而控御夷狄之道絕於天下者五百餘年。賢者惟知引身以避之而已。」〈擬銷假論洋務疏〉：「竊見辦理洋務三十年，中外諸臣一襲南宋以後之議論，以和為辱，以戰為高，積成數百年氣習。其自北宋以前，上推至漢唐，綏邊應敵，深謀遠略，載在史冊，未嘗省覽，洋人情勢，尤所茫然，無能推測其底蘊而窺知其究竟。」見《郭侍郎奏議》（《養知書屋遺集》，清光緒 18 年刻本）卷 12，頁 6。

五、結　語

郭嵩燾論學處世及從政，均以君子自勉，而其君子則在於知機識微諳時務，其稱「君子立身處世，以識為本，司馬德操之言曰：儒生俗吏不諳時務，無論也。讀書而不為儒生之見所宥，則識遠矣」[58]，雖是書復方子聽之言，其為自勵亦可得見矣。

光緒四年（1878），郭嵩燾被清廷由英法召回，結束駐外公使的職務，亦結束其官宦生活，在家鄉閑居。光緒八年（1882）為徐世佐校刊文集，序文中總結其生平的得失，云：

> 君子之學無間，窮通得喪，其間誠有快然自足者。[59]推而達之于人，與所以自淑其身，各視其境之所值。均之寓也，必有得于所寓之外。盡人世之所營營，無足以累其心，而後有以希乎古而蘄至于久遠，雖其得志行道，極富貴之娛，亦豈有加于毫末哉！而視人世之殊榮，超然無所屑意，彼誠有足于其心者也。[60]

---

58 《養知書屋文集》卷9，頁10。

59 此句，楊堅點校《郭嵩燾詩文集》（長沙：岳麓書社，1984年），斷句作「君子之學，無間窮通得喪，其間誠有快然自足者」（頁51），疑其未妥，改此。

60 《養知書屋文集》卷5，〈重刻安愚齋文集序〉。

此時為郭氏一生最黯淡無光之時，然其所論敘，卻深契
《孟子·盡心篇》「得志，澤加於民；不得志，修身見
於世。窮則獨善其身；達則兼善天下」之旨，顯見傳統
文化對郭嵩燾一生行事的影響，及其在郭氏行事中的具
體呈現。

伍、李滋然《周禮古學考》考訂《周禮》諸說述評

一、前　言

　　李滋然（1847-1921），四川長壽縣人（今屬重慶市），光緒十五年（1889）進士，歷任廣東電白、揭揚等縣知縣。民國後以亡國大夫自任，削髮為僧，號曰采薇。其自云「學宗許、鄭，行法程、朱」，出家為僧則是為「支撐名教，揩拄綱常」，蓋師法明末遺民。張鋆衡〈李滋然墓表并銘〉稱其「自鄭、許入手，以端其基，歷治訓故考據、掌故詞章，放之極於經世之學。溯其淵源，方之閻若璩、戴震、惠士奇諸先儒無多讓焉；推之程、朱，以闡其理而盡其用，則又陸桴亭、陳確庵之選也。特以忠裔遺孤，志氣卓越，又與李二曲、孫夏峰諸子為近」，此兼論學德操，足見李滋然「漢學為本，宋學為用」之立身行宜及學術觀點。

　　李滋然著述，以分辨今古文經學為宗旨，《周禮古學考》最負盛名，書成於光緒三十四年（戊申，1908），

在戊戌後十年。然康有為（祖詒）為其拔擢而中舉，《新學偽經考》初行，亦因李滋然之回護而免於禁燬之列。李滋然雖奏保康有為《新學偽經考》，但其對今古文經學之觀點，與康有為截然不同，亦與晚清之古文經學家不同。康有為視古文經全屬劉歆偽造，李滋然則稱「劉歆增竄《周禮》，事或有之，然亦非全書盡出劉手，至因而推及六經古學，盡屬贗鼎，未免立言過當」，其既以康有為說過當，則自有分辨之依據，惟其時李滋然並無相關論述。《周禮古學考》詳辨《周禮》記載之制度之差異，其強調古文家說不同於今文家之處，亦不可一概論之，更不得一概視為劉歆偽造。其書雖完成於戊戌政變後十年，但實可視作是對康有為《新學偽經考》之回應，亦可視為其對宋人以後泛論劉歆偽作《周禮》諸說之辯駁。

李滋然認為「古今殊途，學分二派，源流家法，師受不同」，是以今古文經學自有不同之主張，合併其說，必然多見違誤難通，分別觀之，則各得其所，故分辨今古文之歧異，為治經之要務，《周禮古學考》於此頗見深入之論述，可視為考論《周禮》與今文家說差異之代表性著作。惟其書流傳不廣，治近代經學鮮有論及者，殊為可惜。

本文即以《周禮古學考》為論述重心，條析其分辨《周禮》古文與今文差異之原則，考察其學術觀點，俾能求其得失與價值。

二、《周禮》成書相關問題

　　《周禮》[1]最初出於漢武帝年間，但祕藏官府，「五家之儒莫得見焉」[2]，故無傳習者。漢成帝年間，劉向、歆父子校理中祕藏書，始著之簿錄。

　　西漢晚期，劉歆欲立《左傳》、《周禮》等古文經學，因今文家反對而未成。至後漢，雖今古文之紛爭仍在，古文經亦未能立於學官，但西漢今文家法既壞，今古文融合並存，遂成為經學發展之趨勢，《周禮》亦因之受到重視。雖臨碩（林孝存）稱其為「末世瀆亂不驗之書」、何休以其是「六國陰謀之書」，但鄭玄深信其為「周公致太平之迹」，是「後王之法」，[3]故作注以闡發之。鄭玄注經，既不受制西漢家法門戶成說，亦不刻意分辨今古文傳述之歧異，故注《周禮》亦廣徵今文家說。雖鄭玄在今古文上「強作調人」[4]，但《周禮》與《儀禮》、《禮記》記載之制度，終有無法彌縫之處，故其

1　即《漢書・藝文志》著錄之《周官經》六篇，兩漢學者多稱《周官》，或《周官》、《周禮》並稱，鄭玄作《周禮注》，確立《周禮》名稱。但歷來學者或仍其《周官》舊名，或依鄭玄，合《周禮》、《儀禮》及《禮記》為《三禮》之名。本文通稱以《周禮》，徵引前人論述，則仍其原說，不另注明。

2　見賈公彥〈序周禮廢興〉，《周禮注疏》卷首，頁 8。（李學勤主編《十三經注疏》整理本。臺北：臺灣古籍出版公司，2001）本文引用《十三經注疏》除因文字差異，另有依據外，均此版本，下不一一注明。

3　臨碩、何休、鄭玄說，均見賈公彥〈序周禮廢興〉。

4　張爾田語，見〈鄭學辨〉。

隨文釋義，闡發遺醞，終未能兼釋同異。[5]唐賈公彥作《周禮注疏》，依循孔穎達《五經正義》「疏不破注」之原則，故對鄭玄注多敷陳其義，而少有駁議。

宋人經學，以議論為長，勇於懷疑，對於《周禮》之成書問題，多有論述，除宗守鄭玄「周公致太平之迹」者外，各家大旨以《周禮》一書間有訛缺，存者亦非周公之言，應是出於周末諸子；甚者以其為劉歆偽作。[6]其後，《周禮》之成書問題，在周公、戰國諸子與劉歆之間，學者遂不能無疑。惟宋明七百年間，於此問題，似未見新發論義。[7]

清代禮學復興，[8]以禮學之興起發其先聲，[9]學者既有以禮學代替理學之主張，即以實踐代替論辯，則於禮儀制度必然須深入探討，此是孫奇逢、顏元、顧炎武、黃宗羲等清初明儒共同之主張，對清代禮學之興起，有關鍵性之影響，惟孫奇逢、顏元、顧炎武等均重視《儀禮》及《禮記》，以其可行於當世，有修身自束之效。

---

5 詳見皮錫瑞《經學通論》三、〈論鄭君和同古今文於周官古文王制今文力求疏通有得有失〉及〈論鄭君以周禮為經禮記為記其別異處皆以周禮為正而周禮自相矛盾仍不能彌縫〉二條。頁 54-55。（臺北：臺灣商務印書館，1989）

6 詳見葉國良師《宋人疑經改經考》第四章，頁 97-105。（臺北：臺灣大學文史叢刊，1980）

7 詳見林慶彰《清初的群經辨偽學》第六章第二節。頁 314-322。（臺北：文津出版社，1990）

8 詳見王家儉〈清代禮學的復興與經世禮學思想的流變〉，《漢學研究》24 卷 1 期（248），2006 年 6 月。

9 林存陽《清初三禮學·導言》，頁 1。（北京：社會科學出版社，2002）

其後考據學興起，名物制度是為論述重心，《三禮》因而備受重視，而《周禮》因其記載之官制與《左傳》頗能參證，故學者多所著力，其雖對於《周禮》之成書問題，未有新見，然諸家對《周禮》記載之田賦制度、禮制法度等考訂，釐清其中之舛違處，頗有助於後人對《周禮》成書及內容之研究。

　　清初至乾嘉時期，辨析《周禮》成書之代表人物，有毛奇齡、萬斯大，注釋《周禮》則有李光地、方苞等人。其中毛奇齡、萬斯大均認為《周禮》必非出於周公，其成書大約在周末戰國晚期，[10]李光地、方苞則深信《周禮》必是出於周公，惟不全然屬之，曾遭後人變亂。[11]乾嘉時期，惠士奇《禮說》、孔廣森《禮學卮言》、江永《周禮疑義舉要》、沈彤《周官祿田考》、王鳴盛《周禮軍賦說》等各家，各家考證《周禮》之度度，舉其記載與《孟子》、《禮記·王制》、《大戴禮記》相較，強調二者之相同處，用以證明其說之可信從處，於今古學之違牾處，則多置而不論，蓋師法鄭玄、賈公彥注疏方式。

　　晚清因內亂外敵，國政積弊，亟需變革，遂使託古改制之西漢今文經學復盛於當時。而龔自珍、劉逢祿、

10　詳見林慶彰《清初的群經辨偽學》第六章第三節。頁 323-358。
11　李光地說見《榕村語錄》卷 18 及《榕村續語錄》卷 3。方苞說，
　　見《方望溪全集》卷 1〈讀周官〉、〈周官辨偽〉、〈書周官大司
　　馬四時田法後〉各篇。

廖平、康有為等攻擊古文經學之方式，與西漢今文經學家攻擊劉歆，亦有異曲同工之處，故《左傳》與《周禮》首當其衝。廖平《古學考》承宋人倡言之劉歆偽造《周禮》說，強調劉歆偽造《周禮》係全為迎合王莽。[12]康有為《新學偽經考》承其說而加劇，遂使此說成為晚清論《周禮》問題之顯學。然無論廖平或康有為，均為對《周禮》全書綱節細目作深入之考論分析，故其說自有其侷限性。

與康有為同時之晚清古文學家，劉師培、孫詒讓、章太炎等人，則承鄭玄、賈公彥及乾嘉學者之注疏方式，疏解《周禮》之名物制度，並企求於其中探求治國方略。

李滋然《周禮古學考》雖然作於康有為、孫詒讓之後，但並非為折衷二家，蓋其原本欲編纂《周禮今學考》及本書，《周禮古學考》成編，《周禮今學考》則以〈王制〉為主要依據，先作《王制輯說》為考訂之基礎。然清室隳亡後，李滋然棄俗游方外，《周禮今學考》因而未能成書，殊可嘆惜。

三、《周禮古學考》分辨古今學之依據

分辨古書內容所屬之學術流別，必先有其依據，近代學者探討先秦學術，多從思想特點考察各家學說之形

---

12 《古學考》第 43 至 50 條。《廖平學術論著選集（一）》，頁 136-137。
（成都：巴蜀書社，1989）

成及流變，今因大量簡帛文獻出土，更有助於辨析先秦兩漢各經典之內在關係。漢代經今古文，本身即有明顯之差異，今文經學家對劉歆立古文學之議「皆不肯對」，或即因於今古文之內容有多扞隔無法相通處；而今文學家對劉歆之議有志一同之排斥，除利益考量外，今文經學論述之各種制度較為一致，亦應是重要原因。

　　西漢經學本無今古文之分別，西漢前後立之十四家博士，均為今文家說，以此作為基準，則可分辨今古文經說之差異。李滋然《周禮古學考》即以《儀禮》、今文《尚書》、《禮記》、《公羊傳》、《韓詩》、《孟子》等漢代流傳之今文家說作為依據，分辨《周禮》中今古學，茲舉數例以見其分辨之原則。

　　〈春官宗伯·司几筵〉「凡大朝覲、大饗射，凡封國、命諸侯，王位設黼依，依南鄉設莞筵紛純，加繅席畫純，加次席黼純，左右玉几」李滋然論云：

> 《書·顧命》有黼純、綴純、畫純、玄紛純。〈公食大夫〉禮有緇布純、玄帛純。〈鄉飲酒禮〉、〈鄉射禮〉均有繅布純。〈司几筵〉所設之三純，名同〈顧命〉。惟〈顧命〉黼純陳於牖間，綴純陳於西序，畫純陳於東序，紛純陳於西夾。〈司几筵〉之紛純、畫純、黼純，均在依前南嚮，其同設之莞筵、繅席、次席，亦為〈顧命〉所略，又無緇布，此其所以異也。（卷7，頁177）

〈司几筵〉記載朝覲、饗射等儀王位鋪設之方式,與《尚書》、《儀禮》大同小異,其名稱及佈設之差異處,可視為流傳產生之異變。且今文家所云亦不盡相同,故難以遽稱《周禮》記載之依據。

　　若今文家各說同,而《周禮》與之無法互通者,則明顯可見其記載另有依據,如〈天官冢宰‧鄉大夫〉「以歲特登其夫家之眾寡,辨其可任者,國中自七尺以及六十,野自六尺以及六十有五,皆征之」李滋然論曰:

> 此說與今學不同。〈王制〉云:「五十不從力政,六十不與服戎。」〈祭義〉亦云:「五十不為甸徒。」均不辨其為國中野外之別。此經六十以上猶任征役,其制迥殊。《韓詩外傳》「二十行役」,賈疏謂「與國中七尺同」。《論語》「可以託六尺之孤」,鄭注:「六尺之孤,年十五以下。」年未十五,而即從征役,群經載籍並無一徵……《五經異義》引《易》孟、《韓詩》說,年二十行役,三十受兵,六十還兵,與〈王制〉合……〈王制〉曰:「六十不預服戎。」皆今學之明條。(卷4,頁99)

此綜考《禮記》之〈王制〉、〈祭義〉及《韓詩》、《論語》及《易》孟氏等今文家說,而知其行役制度均同,惟《周禮》異制,明顯見今文家說與古文說之不同。

以《儀禮》及今文《尚書》作為分辨之依據，斷定《周禮》制度與今文之不同，並無太大問題，蓋《儀禮》之內容可信為先秦流傳舊說，今文《尚書》記載之制度，亦非屬漢人。然以《禮記》及《孟子》為依據，則未必可信從。

《禮記》撰成之時代不一，以其作為依據，須先確立各篇之制作時代，如李滋然大量徵引之〈王制〉，其著成時代，舊有孔子所制弟子記、孟子後大賢及漢文帝時三說。陳瑞庚據〈王制〉徵引之資料，斷定其著成年代在漢文帝至漢宣帝之間[13]，可見其說應是屬於漢代今文家共通之見解，卻未必是周代之制度。

又李滋然確信為今文家說之《孟子》，其成於孟子及其門人之手，撰成時代自無疑問，但其論述可否確信為通行制度，則不無可斟酌之處，如〈迹人〉「掌邦田之地政，為之厲禁而守之」，李滋然引孟子論曰：

> 《孟子》：「文王之囿，方七十里，芻蕘者往焉，雉兔者往焉，與民由（同）之。」不為之禁，是今學囿苑無禁也。齊宣王之囿有禁，孟子非之。《周禮》縣為屬禁，劉譯古學之專條也。（卷6，頁158）

---

13 見陳瑞庚《王制著成之時代及其制度與周禮之異同》，頁40。（臺北：嘉新水泥文化基金會，1972）

李滋然稱今文家主張園囿無禁之說,又見〈地官司徒·
囿人〉。然文王之囿方七十里,且不為民禁,是否為當
時之制度,卻不無可疑。朱熹即以此乃孟子諷齊宣王,
未必真有其事。[14]又〈大司馬〉「負固不服則侵之」李
滋然論曰:

> 《春秋》公羊、左氏說,凡征戰有六等:侵、戰、
> 伐、圍、入、滅。用兵麤穢,不聲鐘鼓入境,謂
> 之侵。孟子云:「天子討而不伐,諸侯伐而不討。」
> 是天子之於諸侯,止有聲罪致討之文,並無潛師
> 襲國之理。春秋五伯首桓公,桓公之霸始于侵
> 蔡。孟子以為三王之罪人,是不以侵為然也。此
> 文上言野荒民散則削之,即孟子「土地荒蕪,佚
> 老失賢,掊克在位,則有讓。一不朝則貶其爵,
> 再不朝則削其地」之罰,至負固不服,則罪在三
> 不朝以上,當六師以移之。斷非加兵其境,遂足

---

14 《朱子語類·孟子一·梁惠王下·齊宣王問文王囿章》:「『孟子
言文王由百里興,亦未必然。』問:『孟子謂文王之囿,方七十里,
先生以為三分天下有其二以後事;若只百里,如何有七十里之囿!
然孟子所謂傳有之者,如何?』曰:『想他須有據。但孟子此說,
其意亦只主在風齊宣王爾。若文王之囿果然縱一切人往,則雖七十
里之大,不過幾時,亦為赤地矣,又焉得有林木鳥獸之長茂乎?周
之盛時,雖天下山林,猶有屬禁,豈有君之苑囿,反縱芻蕘獵恣往而
不禁乎!亦無是理。漢武帝規上林苑只有二三十里,當時諸臣已皆
以為言,豈有文王之囿反如是之大!』」(卷51,頁1224。北京:
中華書局,1986)。
林慶彰亦稱「孟子是帶有相當理想色彩的思想家,為了要鼓吹自己
的學說,所引述的史事和制度,未必為真。」見《清初的群經辨偽
學》,頁352。

> 正乃罪也。此以侵為天子討諸侯之罰，亦劉氏譯
> 改之專條也。（卷 8，頁 200）

此中徵引孟子之言，而分辨天子、諸侯出兵之不同，然侵、襲、入、伐在《春秋》三傳中，各自有隱有褒貶不同意含，如《穀梁傳》隱公五年即稱「苞人民、毆牛馬，曰侵；斬樹木、壞宮室，曰伐」，而非如孟子所云，蓋《孟子》書中所載多屬議論，均非屬制度之陳述，自是不得以其為當時制度視之。

　李滋然除以今文家說分辨《周禮》中之古說外，並考察《周禮》記載之名稱及制度，全面考論《周禮》記載與今文家之不同，其中名實與制度之差異，是今古文難以通貫互證者。

（一）名實之差異

　《周禮》與《儀禮》、《禮記》記載職官名稱相同者，李滋然考察其執掌之事務，發現各職官多同名異實，因此推定《周禮》與《儀禮》、《禮記》相同之職稱，係經過改制後之結果，如天官冢宰下屬之內饔、外饔二職，李滋然論云：

> 《周禮》之內饔、外饔名，似沿襲《儀禮・特牲
> 饋食》與〈有司徹〉之雍正、雍人、雍府，而掌
> 錄似同實異。《儀禮》雍人家臣，主割亨者，雍
> 正為雍人之長，雍府則其屬也。《周禮》內饔掌

> 王后世子之割亨，外饔掌外祀之割亨，又另有亨
> 人職內外饔之饔亨煮，辨膳羞之物。《儀禮》之
> 雍正、雍人、雍府三官同職，《周禮》則內饔、
> 外饔、亨人，各有專司。亦劉氏摻改今學，存古
> 學之異派也。（卷9，頁293）

《周禮》與今文家記載之職官名稱相同，而執掌全然不
同者，除內饔、外饔外，尚有酒正、酒人及大司徒、小
司徒等，茲不具論。

（二）制度之不同

　　《周禮》記載之制度，與今文最大歧異，在於賦稅。
今文學各家論賦稅，以什一為通則，稅輕而簡；《周禮》
諸稅則名目繁多，輕重懸殊各有規定，如〈太宰〉有九
賦九職九貢，其下各職，小宰、大府、內府、司會、職
內、載師、閭師等均與稅賦相關。〈太宰〉「以九賦斂
財賄。一曰邦中之賦，二曰四郊之賦，三曰邦甸之賦，
四曰家削之賦，五曰邦縣之賦，六曰邦都之賦，七曰關
市之賦，八曰山澤之賦，九曰幣餘之賦」，李滋然論云：

> 此條全與今學不合。考《春秋》公羊說云：十一
> 而稅。過於十一，大桀小桀，減於十一，大貉小
> 貉。十一稅，天下之中正。〈王制〉、《孟子》
> 稅法亦以十一而斷，故白圭欲二十取一，孟子非
> 之。《周禮》稅法，輕近而重遠。古說以國中園

廛之賦，二十而稅一；近郊十而稅一，遠郊二十
而稅三，國中不及十一，遠郊重於十一，均與〈王
制〉、《孟子》遠近無差者異。

又況關市無征，川澤不禁，《春秋》、〈王制〉
俱有明文，《周禮》均列為賦，尤與今學顯悖，
確為劉氏譯添無疑。鄭康成駁《異義》，謂有近
勞遠逸、薄田美田之分，終屬今古混雜，意主調
停，不知《周禮》凡此類，皆劉氏改易，自成古
學專條，不必求與〈王制〉合也。（卷 3，頁 61-62）

古者什一而藉，天下之中正，見《公羊傳》宣公十五年
初稅畝下，徐彥疏稱此即井田之法，[15]藉民力耳，亦即
〈王制〉所云「古者公田藉而不稅」。《周禮》則不然，
農、圃、工、商、牧各行業均有賦貢，關市貨屠有斂，
山林有禁，羽角葛草、炭茶蜃獸，逐物皆徵，[16]是以賦
徵為治國理民之原則。[17]李滋然則稱今文學各經均無相
關記載，知其為劉歆改作之制度。

---

15 《春秋公羊傳注疏》卷 16，頁 417。

16 詳見《周禮・地官司徒》各條。

17 林耀曾《周禮賦稅考》：「周初之制，王國民賦之常經，為九賦、
　九職二法。而國家之經常費用，端賴九賦一征，此國家之正稅也。
　九職力征，充府庫，備非常之需而已。九貢乃諸侯貢其國之美物，
　以供王祭祀、賓客、車服、器物之用者，至若里布，夫家之征，特
　以禁閒惰之民耳。」頁 2。（臺北：學海出版社，1977）其說《周禮》
　稅制甚分明，可參看。

　　除上述之稅制與今文家說明顯不同外，禮制上之二祧，宮室之六宮及其所屬之職官員額、卿大夫之行刑等，[18]《周禮》與《儀禮》、《禮記》及《公羊》、《穀梁》家說，多見不同之處，應非可以同時並行之制度。

　　就李滋然所列《周禮》與今文家說之差異，可見今文學之各種制度，一致而簡易，治民稅少而刑輕，古文家則稅制繁雜而刑罰苛重。[19]然此或因於《周禮》乃記載官制執掌專書，自須詳盡條列，今文學並無近似之典籍，《尚書》、《儀禮》、《禮記》、《公羊傳》及《孟子》等，僅隨其陳義而述及相關制度，故亦不得一概而視之。

四、《周禮》古學之來源及性質

　　漢代古文經之《左傳》及《周禮》等書，蓋經劉歆整理後始獲廣泛流傳，受到世人重視，殆無疑問。李滋然雖否定劉歆偽作《周禮》之觀點，但其肯定《周禮》必然經過劉歆之更改刪訂，惟其更改刪訂，並非全無依憑，其中包含流傳之古代制度、古文家說及今文家說等。依據李滋然考訂，今本《周禮》記載異於今文學之制度，

18　二祧見卷 7 頁 171，六宮見卷 7 頁 188，大夫之刑見卷 8 頁 216。

19　李滋然《周禮古學考・賦稅考》云：「今學各經賦稅，遠近統於十一，惟《周禮》賦入輕重懸殊⋯⋯繁重難行，以視〈王制〉、《孟子》正大平易者迥不相同。」頁 60。

其來源有五種，分別是古文家說、古學異說、劉歆根據
《周禮》綱目擬定之細節、劉歆就今文家之制度推衍之
說及劉歆制作之制度，其中隨著各種文獻材料來源之不
同，《周禮》之內容與今文家說亦有不同之差異。

（一）古文家說

　　《周禮》既屬古文經學，其說與同為古文之《毛詩》、
《左傳》，自有相同之處。此明顯為古文經說無疑，如
〈地官司徒・鄉師〉「凡四時之田，前期，出由法于州
里，簡其鼓鐸、旗物、兵器，修其卒伍」李滋然論云：

> 《春秋公羊傳》：「夏不田。」《穀梁》亦云「四
> 時之田而用三焉」，皆與〈王制〉「天子諸侯無
> 事則歲三田」之制合。惟《毛詩》「之子于苗，
> 選徒囂囂」之文，是古學家乃有夏田也。《周禮》
> 言四時之田，乃古學專條，故於《毛詩》則同，
> 於今學迥異。（卷6，頁148。亦見卷7「掌四時
> 之田」，文義相同，頁195）

以《毛詩》說為依據者，尚見於〈春官宗伯・大宗伯〉
「以肆獻祼享先王，以饋食享先王，以祠春享先王，
以禴夏享先王，以嘗秋享先王，以烝冬享先王」一條，
李滋然稱其據《詩・小雅》「礿、祠烝嘗于公先王」而
改訂《周禮》。[20]

20　《周禮古學考》卷7，頁163-164。

　　除此之外,《周禮》之記載亦見與《左傳》相同者,如〈春官宗伯‧詛祝〉「掌盟、詛、類、造、攻、禬、禜之祝號」李滋然曰:

　　　　《五經異義》引《春秋》公羊說云:「古者不盟,
　　　　結言而退。」故《穀梁傳》云:「誥誓不及五帝,
　　　　盟詛不及三王,交質不及二伯。」詛盟非禮也。
　　　　今《周禮》有司盟之官,盟詛之載詞,乃劉歆據
　　　　《左傳》歃血盟神而譯改也。(卷7,頁195)

三王指夏商周三代開國之君,范寧《穀梁傳》注:「夏后有鈞臺之享,商湯有景亳之命,周武有盟津之會。眾信所歸,不盟詛也。」[21]是今文家無盟詛之事。[22]《周禮》秋官有司盟一職,其職掌不僅盟會之詛誓,尚包含誓言循命、眾民之約定及訟獄證詞之取信等等,此與《左傳》相關詛誓近似。《左傳》記載之詛事,如隱公十一年,「詛射潁考叔者」、宣公二年記載晉「驪姬之亂,詛無畜群公子」、襄公十一年「盟諸僖閎,詛諸五父之衢」,此皆盟無必然關係。李滋然據《公羊》、《穀梁》稱今文家無盟詛之事,則是指諸侯之盟約,與《左傳》、《周禮》所云不同,然於此卻可見《周禮》詛祝與司盟之職,與同屬古文之《左傳》相合。

---

21 《春秋穀梁傳注疏》卷2,頁31。
22 李滋然於〈秋官司寇‧司盟〉「掌盟載之法,凡邦國有疑會同,則掌其盟約之載」下云:「今學無盟也。」卷8,頁218。

（二）古學異說

漢成帝、哀帝年間，劉向、歆父子先後校勘中祕藏書，祕府所藏多出自民間之古文傳本，內容不僅與當時立於學官之今文家說互有歧異，且古文各種傳本亦有不同。劉向寫定舊本工作，見於〈戰國策書錄〉等篇。劉歆卒父業，於古文各經，亦應如劉向所事，其於《周禮》，亦依據相關舊本以整理，[23]故其中多存古學異說。〈大宗伯〉「以禋祀祀昊天上帝，以實柴祀日月星辰，以槱燎祀司中、司命、飌師、雨師」，李滋然論云

> 許氏《五經異義》引今歐陽、夏侯說六宗者，上不及天，下不及地，旁不及四時。居中央，恍惚無有，神助陰陽變化，有益於人，故郊祭之。鄭駁異義，謂〈虞書〉之禋六宗，即《周禮》之禋祀也。《續漢書・祭祀志》言《周禮》之所祀，即〈虞書〉之所宗，而據宗伯掌玉作六器之文，以天宗、地宗、四時四方之宗為六宗，皆與歐陽今學說不同。許君又引古《尚書》說，謂天宗三、地宗三，天宗日月星辰，地宗岱山河海。日月為陰陽宗，北辰為星宗，岱為山宗，河為水宗，海為澤宗。祀天則天文從祀，祀地則地理從祀。又

---

23 〈地官司徒・大司徒〉所掌之十二教，李滋然稱是「劉氏校訂《周禮》，沿襲今學，量為增刪，又采取〈王制〉六禮之中祭禮、昏禮、鄉射、飲酒之禮，另以祀禮、陽禮、陰禮，定其名。此其沿襲〈王制〉而未易其制也」。頁 147。

> 與《周禮》古說不同。蓋《周禮》宏綱巨典，其
> 節目多為劉氏竄改，古學之異派也。（卷 7，頁
> 162）

六宗之祀，《周禮》記載既與今文《尚書》之歐陽、夏
侯二家說不同，亦與許慎徵引之古《尚書》說不同，[24]然
無相關記載以供佐證，故視之為古學異派，蓋劉歆整理
中祕藏書時，采錄之古學異說。

李滋然稱《周禮》頗有沿用今學綱領或名稱而推衍
其說，但其內容與今文家不合者，此均屬古學異說。如
「六卿」，〈宰夫〉「以正王及三公六卿大夫群吏之位」，
李滋然論云：

> 〈王制〉云「三公九卿」，今學各經，從無以六
> 卿名者，雖六官之名見於〈盛德〉，乃合三公在
> 內，不盡卿也。劉氏蓋由「天子六軍之制，有軍
> 將皆命卿」之語而推例說之。以及六卿外有三公
> 三少，以合於三公九卿。皆博采諸書，撰為此說，
> 既與原書不合，制度亦從古無徵，古學之異說
> 也。（卷 6，頁 122）

---

24 〈舜典〉：「肆類于上帝，禋于六宗。」六宗所指，各家不同。孔
  安國：「其祀有六，謂四時也、寒暑也、日也、月也、星也、水旱
  也。」王肅說同。馬融則云：「天地四時也。」見《尚書正義》卷
  3，頁65。

《大戴禮記‧盛德》以冢宰、司徒、宗伯、司馬、司寇及司空為六官，[25]其中包含司馬、司寇、司空，故李氏稱其包含三公。又同篇「三公六卿之喪」一條，李滋然論云：

> 許君（慎）《五經異義》引古《周禮》說云：「天子立三公，曰太師、太傅、太保，無屬官與王同職，故曰坐而論道，謂之三公。又立三少以為之副，曰少師、少傅、少保，是為三孤。冢宰、司徒、宗伯、司馬、司寇、司空，是為六卿之屬，大夫、士、庶人在官者，凡萬二千。」考今《尚書》歐陽說，天子三公，一曰司徒，二曰司馬，三曰司空，九卿二十七大夫八十一元士，凡百二十。《韓詩外傳》亦云：「三公者何？曰司空、司馬、司徒也。」《周禮》既以司徒等官屬六卿，而三公之名無所附麗，故遷就其詞，而曰無官屬。與王同職，又推闡為三孤三少，蓋沿用今學綱領，而參以古學節目，故多自相矛盾之處。（卷6，頁123-124）

李滋然認為今文無「六卿」之名，且「六卿」與古文亦多踦駁矛盾，故稱此係劉歆沿用今學綱領，博采諸書之古學異說而成，故《周禮》所云之三公與今文家學，名

25　王聘珍《大戴禮記解詁》卷8，頁147。（北京：中華書局，1992）

同實異。[26]三公、九卿、二十大夫、八十一元士之制，見於《禮記·王制》、歐陽《尚書》及韓《詩》等各家今文說，本無疑義，然三公有無官署，今、古文說卻不同。六卿兼三公，今文家亦未全然否定有此制度，皮錫瑞論云：「三公兼六卿，自是周制。若周公未制禮以前，祇有三公，并無六卿……古《周禮》說天子六卿，乃周公制禮以後之制。」[27]依皮錫瑞意，成王顧命，同召太保奭六人為六卿，而兼三公，三公既兼六卿，則其未必須有官署，古文家說本身似無太大違異之處，今文家亦同意周代有此制度。李滋然則強調六卿與三公九卿不同，三孤三少之制更不見於今文家說。[28]

（三）依據《周禮》綱目擬定之細節

《周禮》初出，或稱即缺〈冬官〉一篇，河間獻王求之不得，故以〈考工記〉補之。[29]河間獻王奏上之《周官》，即其後劉歆所校訂者，然除〈冬官〉外，細節自應有所破損殘缺，是以劉歆須據舊說或今文家言以補充之。

---

26 見〈大行人〉「三公及卿大夫之喪」論述。卷 6，頁 126。

27 皮錫瑞《今文尚書考證》卷 24、〈顧命第二十四〉，頁 415。（北京：中華書局，1989）并見《五經異義疏證》。

28 〈掌次〉「孤卿大夫不重」，李滋然論云：「三公之次，有三孤以為之副，尤不近理。除梅賾《偽古文尚書》、《周官》而外，群籍尠徵，蓋竊取〈王制〉三公九卿之說，而於六卿三公外，添置三少，以合此數，匪特經籍無說，亦從古無此制度也。卷 6，頁 127。

29 見《經典釋文·敘錄》及《隋書·經籍志》。

〈天官冢宰・閭師〉「凡任民：任農以耕事，貢九穀；任圃以樹事，貢草木；任工以飭材事，貢器物；任商以市事，貢貨賄；任牧以畜事，貢鳥獸；任嬪以女事，貢布帛；任衡以山事，貢其物；任虞以澤事，貢其物」李滋然曰：

> 〈王制〉關市山澤無徵，《周禮》皆有貢物徵其稅也。又〈王制〉「籍而不稅」《周禮》云：「貢九穀，取田稅也。」餘若圃貢、牧貢、嬪貢，亦不見於今學各經。蓋就〈太宰〉之九貢而推衍之，又參錯其次第。〈太宰〉之祀貢，鄭注犧牲包茅之屬居首，〈閭師〉之貢鳥獸則列在五；〈太宰〉之嬪貢居次，〈閭師〉之貢布帛則列在六；〈太宰〉之材貢居五，〈閭師〉之飭材事以貢器物則列在第三；〈太宰〉之貨貢居六，〈閭師〉之貢貨賄列居四。且彼有九職，山澤為一，〈閭師〉則分為二，止有八貢，分合亦異〈太宰〉。的為劉氏易改專條也。（卷3，頁74-75）

〈閭師〉執掌之八貢與〈太宰〉「以九貢制邦國之用」，內容大同小異而次序不同，故李滋然稱此係劉歆推衍九貢條目，並補充其執掌之內容。

（四）就今文家之制度而推衍其說

經學原本即以有濃厚之經世傾向，此自戰國各國設置博士官即是如此，蓋各國設置博士以禮賢下士，並作

為朝政諮詢對象。[30]漢代經學家既參與朝政，自是熟習古今制度，亦為當時政治社會須要而申論其說。王莽、劉歆闡發古文經學，本即有其「託古改制」之目的，而今文經學既然普遍為儒生士人接受，則其欲闡發之古文經學自須有與今文經學相對應之說。《周禮》中若干綱目同於今文家說，而細節不同者，李滋然即以其乃劉歆就今文家之制度而譯改其細節。如〈夏官司馬‧序官〉「凡制軍，萬有二千五百人為軍，王六軍，大國三軍，次國二軍，小國一軍。軍將皆命卿。二千五百人為師，師帥皆中大夫。五百人為旅，旅帥皆下大夫。百人為卒，卒長皆上士。二十五人為兩，兩司馬皆中士，五人為伍，伍皆有長」李滋然論曰：

> 《周禮》出軍之法，乃襲用《春秋》舊典。故三卿二卿一卿、大國次國小國，悉與〈王制〉同。然出軍三等，雖與〈王制〉合，而車乘卒伍之典，不特律以《春秋》、〈王制〉仍多違戾，即取本書萬二千五百人為軍證之，亦多不合。千乘之國，地方百里，出兵車千乘，故《論》、《孟》、群經皆言千乘之國。方里而井，百里之國為萬井，而出車千乘，是十井出一乘，不問可知。何休《公羊注》云：「軍賦，十井不過一乘。」又云：「十井為一乘，公侯封百里，凡千乘；伯七

30　見湯志鈞〈博士制度和秦漢政治〉，《經學史論集》頁 297-326。（臺北：大安出版社，1995）

十里，四百九十乘；子男五十里，二百五十乘。
封地三等，大國以百里為斷。」說亦全本〈王制〉。
百里之地，以開方計之，實得萬里。孟子方里而
井，萬里者萬井也。《周禮》謂九夫為井，四井
為邑，四邑為邱，四邱為甸，甸出一乘，蓋出於
《司馬法》。其一又云：「六尺為步，步百為畝，
畝百為夫，夫三為屋，屋三為井，井十為通，通
十為成，成出革車一乘。」馬融引以注《論語》，
鄭玄引以注《周禮》，於大國三軍之制，終難期
其合……必欲以成、甸出軍，強合於三軍二軍一
軍之數，微特本書齟齬，萬難求通，即使曲為傅
合，別樹一解，而以〈王制〉封國言之，則天子
千里多於公侯百倍，豈止六軍，子男五十里，少
於大國四倍，又焉有一軍之數乎？凡此皆劉氏襲
用《春秋》舊說，而譯改其原文，故大綱同而細
節頓異。（卷5，頁114）

《周禮》各項制度鉅細靡遺，然各職官所司多有未能配
合之處，軍制與諸侯分封制度是其明顯扞隔不通者。蓋
諸侯隨其等第，封地大小及所屬大夫士之員額亦不同，
以其軍制，則所須大夫士之員額，遠大於諸侯國編制之
人數；且以諸侯所屬土地方員及井制徵集士兵之數量，
亦與軍制不合。[31]以此可知，《周禮》所載之軍制必非

---

31 詳見李滋然之計數。《周禮古學考》卷5，頁108-114。

古代實際施行之制度，應是後人擬定之原則，因其未考量其他相對應之制度，故扞隔不通。

　　除軍制外，《周禮》畿服之畫分，亦與今文家說形似而實不同。〈大司馬〉「乃以九畿之籍，施邦國之政職。方千里曰國畿，其外方五百里曰侯畿，又其外方五百里曰甸畿，又其外方五百里曰男畿，又其外方五百里曰采畿，又其外方五百里曰衛畿，又其外方五百里曰蠻畿，又其外方五百里曰夷畿，又其外方五百里曰鎮畿，又其外方五百里曰蕃畿」，李滋然論云：

> 〈王制〉九州方三千里，〈禹貢〉五服亦止五千里。此言九服，連王畿為萬里，與〈王制〉、〈禹貢〉不合，即〈康誥〉有侯、甸、男、邦、采、衛，名亦同於《周禮》，然皆止於五，并無九服之文。劉氏譯改《周禮》，蓋就〈康誥〉五服之名而推衍為九，又合〈禹貢〉十二州言之，故職方九州，亦不與〈禹貢〉同。（卷2，頁49-50）

〈大司馬〉九畿之說，亦見於〈職方氏〉及〈大行人〉各職，惟〈大行人〉無蠻、夷、鎮、蕃，衛服以下為要服，總計六服。此中差異，李滋然稱因「劉氏校書，襲〈康誥〉侯甸男采衛之名，而又竄入〈禹貢〉之要服，以成六服，而不計及〈司馬〉、〈職方〉之九畿九服并無要服也」。

（五）劉歆制作

　　《周禮》制度與今文家不相符合者，然考其細節源流，仍可得見其依據古說或今文家言，而制作修正之情形，但部分執掌之設置，則既與今、古文之成說不同，亦不合乎孔孟之治道精神，此類制度，李滋然均以其為劉歆制作。如〈大司寇〉「以兩造禁民訟，入束矢於朝，然後聽之」、「以兩劑禁民獄，入鈞金三日，乃致於朝，然後聽之」李滋然論曰：

　　　　〈王制〉司寇正刑明辟，以聽獄訟，細微節目，均極慎重周詳。未聞必先入矢入金，然後聽之也。蓋訟獄刑辟，所以濟政教之窮，王者不得已而用之。若因以為利，索金索矢，則民冤何由達耶？此制不特為今文家所無，即群籍亦愍孤證，劉氏譯改專條也。（卷8，頁214）

又〈地官司徒・鼓人〉「救日月則詔王鼓」李滋然論曰：

　　　　日蝕用鼓，《傳》有明徵。《春秋》莊二十五年，《左傳》夏六月辛未朔，日有食之。鼓、用牲于社，非常也。昭十七年，昭子曰：日食，天子伐鼓于社。《春秋》不書月食，群經亦無救月之文。賈疏云：「《春秋》不記救日食者，但日食是陰侵陽，臣侵君之象，故記之。月食是陽侵陰，君侵臣之象，非逆事，故略不記。」據此則月食用

> 救，匪特今學無此典禮，三代以前亦必無此制
> 度。此亦劉氏據日食而推衍之，後世遂相沿成制
> 耳。（卷6，頁151）

李滋然稱後世相沿成制，蓋清代沿襲明制，有救月食之
儀。[32]然月食於古人亦有相對應之措施，如《禮記・昏
義》：「日食則天子素服而脩六官之職，蕩天下之陽事；
月食則後素服而脩六宮之職，蕩天下之陰事。」[33]《荀
子・天論篇》稱「日月食而救之，天旱而雩，卜筮然後
決大事」，則救月食之事，雖不見於今古文各家說，但
古代應有其事，並非劉歆依據救日蝕而推衍之說。

　　李滋然於《周禮》春官小宗伯「辨廟祧之昭穆」下
稱周禮之祧廟制度係劉歆據《國語》、《禮記・祭法》
而改作，則救月則或可視為是依據《荀子》而作。然此
皆不能斷定古代並無相關制度。

---

32 《明史・禮志》救日伐鼓：「洪武六年二月，定救日食禮。其日，
　皇帝常服，不御正殿。中書省設香案，百官朝服行禮。鼓人伐鼓，
　復圓乃止。月食，大都督府設香案，百官常服行禮，不伐鼓，雨雪
　雲翳則免。二十六年三月更定……月食，則百官便服於都督府救護
　如儀。在外諸司，日食則於布政使司、府州縣，月食則於都指揮司、
　衛所，如儀。」（卷57，頁1442。北京：中華書局，1987）
33 《禮記》卷61，頁1896。

五、結　語

　　《周禮》記載之制度，文繁事富，孫詒讓稱其為「周代法制所總萃」，係周公輯黃帝、顓頊以來之經世大法。近代論述《周禮》多不取此說，而以書中記載之職官與先秦典籍相對照，以考訂其成書時代，出於戰國晚期是研究者普遍可以接受之觀點，唯其是齊人所作，或秦人所作，則各有主張。

　　然以《周禮》記載之職官或觀念及理論等作為考訂其成書時代，有其方便性與侷限性，蓋各家論述中均可就其主張之找到相對應之資料，如金春鋒《周官之成書及其反應的文化與時代新考》即以《周禮》之軍事系統與《史記・商君列傳》相對照，而稱此「顯然直接反映了商鞅變法後秦國的社會情況」[34]，然卻忽略《周禮》記載軍事制度，本身即存在諸多違誤，不待今文學者之駁議可知，並非是可付諸實行之規畫。與秦國實行之制度形似而非，更可能是略知秦制度不詳其細節之後人擬定。彭林《周禮主體思想與成書年代研究》以思想脈絡為依據，得出其書作於漢初至文景年間之結論，金春峰已駁其非是，茲不具論。

---

34 金春鋒《周官之成書及其反應的文化與時代新考》第二章，頁 29。
　　（臺北：東大圖書公司，1993）

　　欲論述《周禮》之成書及思想內容相關問題，李滋然顯然提供一可取之方法，即從《周禮》內容著手，先考察其制度互相違誤之處，其既有互相衝突，必不是已然實行之制度，自須視為全部虛構或是部分虛構。探討《周禮》思想，此部分應獨立成編，或置而不論。《周禮》記載之制度無違異者，則可用漢代今文經學觀點，或先秦史籍諸子，互相考察參證，此即鄭玄、賈公彥及孫詒讓之注釋方式。

　　《周禮》與《左傳》是漢代最具爭議之古文經，二書均經過劉歆整理，應無可疑。然是否如李滋然所云，劉歆將《周禮》譯改以求合今文經學家之說，但李滋然既未說明劉歆變造之動機，其結論亦姑存疑，以待來日分析而論定之。

陸、中晚清《左傳》禮說

一、前　言

　　發揮《春秋》[1]記載之禮義精神,作為政治運作及人倫規範之具體原則,是漢代公羊家闡釋《春秋》之基本觀念。但禮與《春秋》之關係,則《春秋》三傳皆重視,范寧《穀梁傳‧序》稱「《穀梁》善於禮」,孔穎達《左傳正義‧序》稱「盟會協於禮,興動順其節,失則貶其惡,得則褒其善」,可見《穀梁傳》與《左傳》學者皆以禮作為《春秋》褒貶之依據。

　　唐代晚期之趙匡、啖助及宋代學者,認為《左傳》傳事,近於史書,故其《左傳》相關著述,著重在評騭《左傳》人物之功過及事件得失。學者以其體會,配合時局作評論,是當時論述主流。但其中亦有學者強調禮義在《春秋》中之重要性,如張大亨《春秋五禮例宗》。張大亨《春秋五禮例宗‧自序》云:「周禮盡在魯矣。

---

[1] 本篇稱《春秋》,均指孔子修訂之《春秋經》文,不包含《公羊傳》、《穀梁傳》及《左傳》。反之亦然,稱《公羊》、《穀梁》及《左傳》,則不包含《春秋經》文。

聖人以為法，凡欲求經之軌範，非五禮何以質其從違？」
其書彙輯《春秋》中涉及禮者以成一書，雖僅具梗概，
少有申論，[2]但注重《春秋》禮義，在宋代《春秋》相關
論中，別具意義。

　　明初石光霽《春秋書法鉤元》[3]繼承張大亨、吳澄以
禮解《春秋》之先例，將《春秋》所載諸事屬詞比論，
藉以探討孔子修《春秋》之精神，可視為清代學者以禮
闡釋《春秋》之先導。清初學者專就《春秋》中所載之
禮文深入探討，成為《春秋》禮學，是清代《春秋》學
一大特色，而專研《左傳》之學者，並從其中取得褒貶
立論之依據。

　　清儒抨擊杜預《左傳》注及孔穎達《左傳正義》最
重要之理由，在於杜預、孔穎達對《左傳》禮文之闡釋
過於疏略，且認為其中並無褒貶意含，故《左傳》僅是
一部記載事件本末之史書，可用以補充《春秋》記載，
卻無法彰顯孔子思想，因此《左傳》之經學價值也大為
降低。

　　杜注孔疏既無法彰顯《左傳》之經學價值，清儒試
圖就禮義制度著手，強調「以禮釋《春秋》」之重要性，

---

2 《四庫全書總目・春秋毛氏傳》：「自昔說《春秋》者，但明義例，
　至宋張大亨始分五禮，而元吳澄因之，然粗具梗概而已。」（卷29）
3 《春秋書法鉤玄》凡例第三：「是編書法，大抵分屬五禮。蓋《春
　秋》一經，往往因失禮而書，以示褒貶，出乎禮則入乎《春秋》也。
　五禮括未盡者，別為雜書法以冠于首，餘則皆以吉、凶、軍、賓、
　嘉別其類焉，庶幾屬詞比事，是非易知也。」

並以為由此方能理解《左傳》之釋經方法,此觀點創發自清初之毛奇齡、萬斯大,歷經清中葉之李貽德、沈欽韓、劉文淇各家,以至清末之章炳麟、劉師培,皆依此原則闡發闡述《左傳》之褒貶寓意,頗有取代宋明學者以「義理」論定得失之評論方式。

《左傳》記載之禮儀形式,既成為考察孔子《春秋》思想之重要依據,則專門闡述《左傳》禮文之著作,在清代中晚期探討《春秋》或是《左傳》著作中,自是佔有一定之地位。

清人闡述《左傳》記載之禮文,不乏深入精闢之作,但對於其中是否皆具有褒貶意義,則常未見說明,因此,多有禮文論述與《春秋》褒貶無法契合之現象,如此,「以禮釋《春秋》」說,亦無法具體呈現。我在撰寫博士論文《儀徵劉氏春秋左傳學研究》時,對於清儒所論述之禮與《春秋》關係,亟思加以梳理條列,藉以考察清儒論述之禮儀制度與《春秋》褒貶之關係。今草撰此文,考察清儒以禮論《左傳》之相關論述,期能對理解孔子《春秋》學及《左傳》相關議題之研究,有所助益。

二、清初《春秋》禮說簡述

清初《春秋》學,大抵仍沿襲明代學者之記載論述方式,即以《左傳》之史事為基礎,依據《公羊傳》、《穀梁傳》及胡安國《春秋傳》三家說以評論人物及史

事，但在《穀梁》、《公羊》及胡氏說中，清儒卻多以禮義貫串之。其代表人物，如毛奇齡之《春秋傳》、萬斯大《學春秋隨筆》、惠士奇《春秋說》。

（一）徐廷垣

清初首先重視禮與《春秋》之關係，應是徐廷垣，徐廷垣《春秋管窺・序》：

> 竊觀《春秋》一書，與《禮經》相表裡。禮存其體，而《春秋》著其用。故必先達於禮，而後能達於《春秋》也。

> 昔魯史記注，本周公遺制，史書舊章，卓然俱有法式。……厥後史失其官，赴告策書，或不能盡如法式。孔子取而修之，一遵周公遺制，凡有關禮教，礙於詞訓者，則刊正之，以存一代之典禮。故《左氏》發凡曰：「謂之禮經。」言《春秋》凡例，皆周公所制禮經。明聖人所筆，動依典型，初未嘗私自立法，以譏褒當世行事也。（〈春秋管窺原序〉）

徐廷垣稱禮與《春秋》互為表裡，關係密切。但禮制是準則，而《春秋》發揚禮義精神，故就《春秋》記事與三《禮》記載之儀式制度而言，禮制儀式之重要更甚於《春秋》。

徐氏將魯史分成孔子以前之舊史，與孔子修訂後之《春秋》，孔子以前之舊史，蓋即《公羊傳》所稱之「不修《春秋》」[4]。其意孔子作《春秋》，除將魯史依循舊章改正外，並特別注重史事中之典禮儀式，以此而見周公所制作之治國典型。故欲理解《春秋》之內涵與精神，自須從典禮儀式著手。

徐廷垣《春秋管窺》篇卷不大，流傳不廣，罕見學者徵引，但其標舉「先達於禮，而後能達於《春秋》」，則有其深刻意義。

（二）毛奇齡

毛奇齡《春秋傳》將《左傳》紀事，分別為二十二門，[5]而以禮、事、文、義四例歸納之，此方式約略本於《左傳》之五十凡例，但毛奇齡以禮例為總綱，事例、文例、義例皆承禮例而得見。《春秋傳•卷首》論云：

4　莊公七年《經》：「夏，四月，辛卯夜，恆星不見，夜中星霣如雨。」傳：「恆星者何？列星也。列星不見，則何以知？夜之中星反也。如雨者何？如雨者非雨也。非雨則曷為謂之如雨？不修《春秋》曰：『雨星不及地尺而復。』君子修之曰：『星霣如雨。』何以書？記異也。」
　　何休注：「不修《春秋》，謂史記也。古者謂史記為《春秋》。」徐彥疏：「據此傳及注言，則孔子未修之時，已謂之《春秋》矣。而舊解云：孔子脩之，春作秋成，謂之春秋。失之遠矣。」（頁154）
5　二十二門，分別為：改元、即位、生子、立君、朝聘、盟會、遷滅、昏覿、享唁、喪期、祭祀、蒐狩、興作、甲兵、田賦、豐兇、災祥、出國、入國、盜弒、刑戮。二十二門下各分數小門，如遷滅下，分遷、滅、殲、墮、亡五例，各引《左傳》記事為證。

《春秋》二十二門，皆典禮也。晉韓宣子觀《魯春秋》，曰「周禮盡在魯矣」！言《春秋》一書以禮為例，故《左傳》於隱七年書名例云：「諸侯策告，謂之禮經。」而杜註與孔疏皆云「發凡起例，悉本周制」，所謂禮經，即《春秋》例也。故孔疏又云「合典法者，即在褒例，為禮制者，即在貶例」，凡所褒貶，皆據禮以斷，並不在字句之間，故曰「禮例」。

今試觀《春秋》二十二門，有一非典禮所固有者乎？毋論改元即位、朝聘盟會，以至於征伐喪祭、蒐狩興作、豐凶災祥，無非吉凶軍賓嘉五禮成數。即公行告至、討伐征亂，及司寇刑辟、刺放赦宥，有何一非周禮中事，而《春秋》一千八百餘條，櫛比皆是，是非禮乎？

故讀《春秋》者，但據禮以定筆削，而夫子所為褒、所為貶，概可見也，此非書人書字所得涵也。（《春秋傳》卷首）

毛氏稱「所謂禮經，即《春秋》例也」，可知其將孔子修《春秋》之大旨歸於典禮，筆削、褒貶，皆以禮為基準，故禮文是理解《春秋》意旨之門徑，此否定《穀梁》及《公羊》家以書人書字、書時書日等一字定褒貶之說法，同時反對胡安國《春秋傳》穿鑿附會、苛責前人之

解經方式，毛氏稱胡安國最不足取法者，即在於不知典禮。[6]

毛奇齡反覆申論其「以禮釋《春秋》」說，認為《春秋》記載之文字用詞，皆準乎周禮，其論云：

> 魯史記事，全以周禮為表志，而策書相傳，謂之《禮經》。凡其事其文，一準乎禮而從，而比之屬之，雖前後所書，偶有異同，而義無不同。並無書人書爵、書名書日之瀆，亂乎其間。而遍校之十二公二百四十二年之《春秋》，而無往不合，則真《春秋》矣。

> 以禮為志，而其事其文，以次比屬，而其義即行乎禮與事與文之中……如是而夫子之《春秋》庶可見乎！（《春秋屬辭比事記》卷首）

此明確反對《公羊》、《穀梁》申論之各種《春秋》書例，認為惟透過禮義制度之闡釋，方可確見孔子修訂《春秋》之本旨。

毛氏發明「以禮釋《春秋》」義，為其後學者，尋得《左傳》解經之途徑，而《左傳》杜注重史實，輕禮

---

6 《春秋傳》「三月，公及邾儀父盟於蔑」。毛奇齡評論胡安國之說：「胡氏凡遇盟會，則概置譏貶，以為刑牲歃血，要質鬼神，非禮所貴。則不知古者玉敦盛血，珠盤盛耳，壇墠主日月，方明祀山川，凡贊牛截耳與詛神告祖，具是舊典。至後世蔑略，始有束牲不歃，載書不告之事。而學古不深，反訾非禮，不惟不讀《春秋》，並不識《三禮》矣。」（《皇清經解》冊 1，《春秋傳》頁 61）

義，勦論褒貶，無法契合《春秋》之缺失，便備受學者質疑。

（三）萬斯大

　　萬斯大稍後於毛奇齡，精通《春秋》與《三禮》，《學春秋隨筆》即會通禮與《春秋》之著作。書中考察西周東遷後禮文之變遷陵替，據此而闡發孔子作《春秋》所寄寓之褒貶。如周代諸侯之朝聘制度，萬斯大論云：

> 春秋之始，政在諸侯，故往來之朝皆成禮；春秋之季，政在大夫，至有朝而不納者矣！此又世變之日下，聖人之所深慨也。（《學春秋隨筆》卷1）

萬斯大從政權下移，藉以論斷春秋時代世風之變化，此深得孔子論禮樂與治道之要旨，[7]《學春秋隨筆》之基本精神，即以禮評論諸侯之得失，亦以禮闡述《春秋》大義。

　　萬斯大與毛奇齡雖同以禮文制度作為考察《春秋》之褒貶，但二人所言之禮，有所不同，毛氏所稱之禮，以《周禮》為主，其意《周禮》即周代通行之制度儀式。萬斯大否定今傳之《周禮》是周公制作，故《春秋》依

7　《論語‧季氏》：「孔子曰：「天下有道，則禮樂征伐自天子出；天下無道，則禮樂征伐自諸侯出；自諸侯出，蓋十世希不失矣；自大夫出，五世希不失矣；陪臣執國命，三世希不失矣。天下有道，則政不在大夫。天下有道，則庶人不議。」朝聘，是周代重要之禮樂制度。

據之禮制儀文，即載於《儀禮》中，因此欲論定孔子《春秋》之褒貶意含，須依據《儀禮》。

（四）惠士奇

惠士奇，上承惠周惕，下傳惠棟，開啟清代吳派經學，強調論述經義必依據漢儒經說。《春秋說》十五卷，[8]以禮為綱，以《春秋》之事為緯，論斷參考《穀梁》家說，參考《左傳》，闡發孔子之《春秋》思想。議論采《穀梁》說，即以《穀梁》之論述深得禮義，可與《左傳》相參證，亦可以補充《左傳》之殘缺。其論云：

> 隱、桓之間，國史多殘缺，左氏亦得之傳聞，其言未可盡信也。至僖公而紀事益詳，始確然可信矣。禮，贈人之母則可，贈人之妾則不可，君子以其可受之，《穀梁》正論，雖聖人復起，不能易也。《春秋》事莫詳於《左傳》，論莫正於《穀梁》。（《春秋說》卷1）

文公九年，秦人歸魯僖公及成風之贈，三《傳》皆有評論，惠士奇認為《公羊》「兼之，非禮」及《左傳》「合

8　《四庫全書總目》：「士奇父周惕，長於說經，力追漢儒之學。士奇承其家傳，考正益密。於《三禮》核辨尤精。是書以禮為綱，而緯以春秋之事，比類相從，約取三《傳》附於下，亦閒以《史記》諸書佐之。大抵事實多據《左氏》，而論斷多採《公》、《穀》……大致出於宋張大亨《春秋五禮例宗》、沈棐《春秋比事》，而不立門目，不設凡例，其引據證佐，則尤較二家為典核。」

於禮」二說皆不合經義，惟《穀梁》所論合於禮義，故亟稱之。

　　惠士奇《春秋》說依此原則，而評論三《傳》得失，對於杜注、孔疏論言與禮不合者，皆加以辨駁，如襄公十二年《左傳》記載婦人歸寧之事：「秦嬴歸于楚。楚司馬子庚聘于秦，為夫人寧，禮也。」惠氏論云：

> 是時秦嬴母在，身不自歸，而使卿寧，《左氏》以為禮，言惟此為得禮。凡內女嫁於諸侯，雖父母直書來者，皆非禮也。然則婦人歸寧，使卿攝行明矣！杜預謂：「父母沒，則使卿寧兄弟，身不自歸。」此妄說也。吾聞寧父母，未聞寧兄弟。孔氏謂：「父母在，則身自歸寧，父沒母存，則使卿寧。」其說支離，又何據乎？（《春秋說》卷1）

惠氏以婦人踰竟歸寧不合禮制，即依據《穀梁》所謂「婦人既嫁，不踰竟，踰竟，非禮」之說，意此是婦人通則，故知杜預、孔穎達之注釋不合禮制，其義亦不合經旨。

　　惠士奇用以論《春秋》之禮，兼有《周禮》與《儀禮》，而與《周禮》為主，如「天王使家父求車」一事，據《周禮》有「大宰以九貢致邦國之用」之記載，而謂「孔子修《春秋》取《周官・士訓》以詔地求之義，而書之於冊」。[9]又如莊公三年，「葬桓王」，以《周禮》

9　《春秋說》卷2。《皇清經解》冊1，頁407。

春官冢人之職掌為正墓位，地官媒氏禁遷葬，而知「改卜，禮也，改葬，非禮也」。故「《春秋》魯改葬惠公，鄭改葬幽公，齊改葬莊公者，皆不書，以知此改葬非禮也」[10]。以此，可見惠士奇與毛奇齡觀點近似，認為《春秋》或書或不書，其中依據之禮，即《周禮》。故以《周禮》為綱，以《儀禮》之儀式考之，孔子修《春秋》之微言大義自可得見。

惠士奇篤信《三禮》皆孔子弟子所傳，[11]故與《春秋》大義相表裡，其稱不通曉禮文而對《春秋》經傳妄加議論，其失甚於秦嬴焚書。[12]故熟悉禮義，辨別禮文之差異，[13]方可斷定《春秋》之褒貶。

毛奇齡、萬斯大及惠士奇三家《春秋》學，共通之特色在於揚棄宋明以來據《公羊》、《穀梁》及胡安國

---

10 《春秋說》卷2。《皇清經解》冊1，頁431。

11 《春秋說》卷3：「記《禮》者，皆孔子之徒，雖互有得失，各本師傳，必非臆造。」（《皇清經解》冊1，頁444）

12 見《春秋說》卷3：「《三禮》殘闕，後之學者不能信而好之，擇其善而從之，疑則闕之，徒據孟子『盡信書則不如無書』之說，于是力排而痛詆，以為《禮記》偽造以求購金，則〈大學〉、〈中庸〉，皆不足信，後世俗儒之議論，甚于秦灰矣，嗚呼！」《皇清經解》冊1，頁445。

13 如：卷一辨別禘之禮，惠士奇：「禘之說有三：一曰王者之大禘，二曰喪畢之吉禘，三曰春夏之時禘。王者之大禘，惟王者得行之；吉禘，喪畢乃行；時禘，或曰春，或曰夏，禘者，陽之盛也，夏之始可以承春，故春夏皆得行焉。春夏有行，曷謂之大祭？宗廟之禮，莫重於禘嘗，故〈祭統〉曰『大嘗』。禘，四時之祭，故曰明乎郊社之禮、禘嘗之義，治國其如示諸掌乎。」（《春秋說》卷1。《皇清經解》冊1，頁393-394）

《春秋傳》之論斷方式，而以禮文制度作為考察《春秋》褒貶得失之標準。

三、清中葉之《左傳》禮說

清中葉乾嘉考據學興起，《左傳》以其紀事性質，內容豐富，備受考據學家重視。學者推崇《左傳》，師法毛奇齡、萬斯大及惠士奇三家說，亦強調其記載禮文制度，可以推見孔子作《春秋》之褒貶意含。其中以沈欽韓《春秋左氏傳補注》（下簡作《左傳補注》）、劉文淇《春秋左氏傳舊注疏證》（下簡作《左傳舊注疏證》）等書為代表。

（一）沈欽韓

沈欽韓承前人說，強調禮是《春秋》之根本，而《左傳》之論述則深得孔子義，其〈惠氏左傳補註後序〉云：

> 道有汙隆，則禮為之變。夫子作《春秋》，使紀事不失其實，以補禮之窮，維世之具，如是而已。左氏作《傳》，略舉凡例，而詳於言禮，至于升降揖讓，尊俎籩豆之間，曰：是儀也，非禮覒已。
>
> 若左氏者，其深知文、武、周公致太平之道矣。例不可概論，禮則是非兩端，萬變無窮，後之學者舍禮而言《春秋》，于是以《春秋》為刑書，

> 以《春秋》為司空城旦之科，紛紜轇輵，跬步荊棘，大率尾牽皮傳，以自完其例，而聖人經世之法，為其汨沒。（《幼學堂文稿》卷6）

此可見沈氏反對《公羊》家透過義例理解《春秋》，故稱「舍禮而言《春秋》，于是以《春秋》為刑書，以《春秋》為司空城旦之科」。其稱禮文是《春秋》之根本，甚至認為孔子作《春秋》之目的，在於「補禮之窮」，則禮之重要遠甚於《春秋》，則直承清初毛奇齡等各家說。

沈欽韓既強調禮與《春秋》之關係，認為禮制儀文是《春秋》學之根本，其《左傳補注》自是重視禮儀制度之申釋，亟欲闡明《左傳》解經之特色，《左傳補注・自序》指出杜預注《左傳》之缺失，即在於不知禮文。其云：

> 禮者，奠天下之磐石也。禮廢則天子無以治萬邦，諸侯無以治四境，卿大夫無以治一家。時則下陵上、裔亂華，亡國破家，殺身如償券。孔子傷之，欲返諸禮而無其位，故因《春秋》以見意，以為修整于既往，其召福祥也如彼，悖亂于當今，則嬰毒禍也如此。

> 左氏親受指歸，故于禮之源流得失，反復致詳焉。周公、孔子，治道之窮通，萃于一書，若其勸懲之旨，則婉而多風矣。時以為君子則君子

之，時以為善則善之，冀此心默于千載，謹守遜
言之戒，以全《春秋》付託之重。然其以禮，愛
護君父，不已深切著明哉。

奈何杜預以罔利之徒，懵不知禮文者，蹴然為之
解，儼然行于世，害人心、滅天理，為《左氏》
之巨蠹。後生曾不之察，騰杜預之義，而播《左
氏》之疵，左氏寧受焉？（《左傳補注・自序》）

此〈序〉進一步申述其〈惠氏左傳補註後序〉之觀點，
既指出禮之重要，同時闡明孔子作《春秋》之本旨在於
「反諸禮」，即藉史事以闡述其「克己復禮」之理想。
而《左傳》一書，記載事件及對時人之評論中，莫不以
禮制作為維護人倫、穩定邦國之道，最能闡發孔子作《春
秋》之理想。故沈欽韓《左傳補注》中，對「禮之源流
得失，反復致詳」。

　　沈欽韓強調《春秋》及《左傳》之中心思想在於禮。
而杜預注因對禮文之闡釋較簡略且多疏誤，遂被沈欽韓
視為違背《春秋》本旨，遺禍後學。其《左傳補注》中，
不乏抨擊杜預之言。如僖公八年《傳》：「秋，禘而致
哀姜焉，非禮也。凡夫人不薨于寢，不殯于廟，不赴于
同，不祔於姑，則弗致也。」杜注：

> 據《經》哀姜薨葬之文，則為殯廟、赴同、祔姑。
> 今當以不薨于寢，不得致也。[14]

沈欽韓論云：

> 《傳》意言哀姜四室俱無，一朝入廟為非禮。杜
> 預言哀姜惟不薨于寢，故不得致，顯與《傳》違。
> 僖公請葬，但慭其暴棺，自然不反殯。豈得援嗣
> 子即位柩前之例，復正棺于兩楹之間。與君薨於
> 外者比乎！若先已祔姑，又奚為而致之？身淫被
> 殺，魯國蒙恥，不赴同盟，又可知矣。杜何所置
> 喙乎！[15]

魯僖公八年七月，經云「禘于大廟用致夫人」，《公羊》、
《穀梁》皆以《春秋》具貶斥意，然不詳論其故。《左
傳》說明其非禮之故在於哀姜係孫死於外（僖公元年，
齊桓公殺之），當時既不殯于廟、不赴同盟、不祔于姑，
則不以夫人視之，[16]禘祭自無及于夫人之理。

　　沈欽韓據國君夫人之喪禮儀節，推知哀姜薨于寢、
殯于廟、赴于同、祔于姑四者俱無，是魯國當時不視其
為魯莊公夫人，故僖公致祭，頗不合禮。

14　《左傳正義》卷 13，頁 405。（臺北：臺灣古籍出版社，2001 年）
15　《左傳補注》卷 3，頁 34。（《叢書集成初編》，北京：中華書局，
　　1985 年）
16　隱公三年《傳》：「夏，君氏卒，聲子也。不赴於諸侯，不反哭于
　　寢，不祔于姑，故不曰薨，不稱夫人，故不言葬。」（卷 3，頁 82）
　　與僖公八年傳文相較，赴於諸侯、祔於姑，應是稱為夫人之要件。

　　沈欽韓抨擊杜預者，不僅在於禮儀形式及禮義精神，還包含禮制涉及之名物制度，如莊公二十四年《經》：「大夫宗婦，覿用幣。」杜預注云：

> 禮，小君至，大夫執贄以見，明臣子之道。莊公欲奢夸夫人，故使大夫、宗婦同贄俱見。[17]

沈欽韓論云：

> 按《禮》有內宗外宗。鄭云：「王同姓之女，謂之內宗，王諸姑姊妹之女，謂之外宗，又得兼母之黨。」〈雜記〉：「外宗為君夫人，猶內宗也。」鄭云：「謂姑姐妹舅之女，及從母皆是。」又有同姓大夫之妻，〈喪大記〉所謂外命婦也。又有外親之婦，亦通謂之外宗。〈服問〉注云：「外宗，君外親之婦也。」《經》言「大夫宗婦覿」，則外內宗之嫁大夫者，及同姓大夫之妻覿夫人，非謂大夫與宗婦，雙雙而至也。尋《傳》文，並不言大夫見小君，其言男女同贄者，直謂婦人用幣是無別於男子，故志其非禮。

> 杜預鹵莽疏陋，欲扶其說，又無證據，徒謂小君與君同體，義亦當見，此等荒謬誕妄處，直孔氏手筆矣。[18]

---

17 《左傳正義》卷 10，頁 317。（臺北：臺灣古籍出版社，2001 年）

《春秋》經文「大夫宗婦」，杜預注稱「大夫、宗婦同贄俱見」是分別「大夫」及「宗婦」，沈欽韓則據《周禮》、《禮記》，知「大夫宗婦」係指「外內宗之嫁大夫者，及同姓大夫之妻」，而《傳》稱「哀姜至，公使宗婦覿，用幣，非禮也」，據此可知覿見莊公夫人者，僅宗婦而無大夫。杜預分大夫、宗婦二者言之，是未明宗婦含義而產生之誤解。[19]沈欽韓據《左傳》云「男女同贄，是無別也」，而知《春秋》之貶抑義，在於「婦人用幣是無別於男子」，違背禮制精神應有之節制規範，《春秋》及《左傳》之貶抑觀點，明顯可見。

　　沈欽韓依據《左傳》記載，透過禮儀制度之闡釋，說明《春秋》對史事人物之褒貶，使《左傳》不僅如宋儒所稱傳事之史書，同時能傳達《春秋》大義，闡發褒貶之所在。

（二）劉文淇

　　劉文淇編撰《左傳舊注疏證》，深受舅氏凌曙及沈欽韓之影響，其書繼承凌曙《公羊禮說》之精神及沈欽韓以禮釋《左傳》之宗旨，強調「釋《春秋》，必以周

---

18 《左傳補注》卷 2，頁 22。（《叢書集成初編》，北京：中華書局，1985 年）
19 杜預注係據《穀梁》說，《穀梁傳》云：「覿，見也。禮：大夫不見夫人……大夫，國體也，而行婦道，惡之。故謹而日之也。」頁105。（臺北：臺灣古籍出版社，2001 年）

禮明之」，其《左傳舊注疏證‧注例一》首先申明以禮釋《春秋》之重要性：

> 釋《春秋》必以周禮明之。周禮者，文王基之，武王作之，周公成之。周禮明，而後亂臣賊子始知懼。若不用周禮而專用從殷，《公羊》家言《春秋》變周之文，從殷之質，實誤。則亂臣賊子皆曰「予聖」，而藉口於《春秋》之改制矣。《鄭志》曰：「《春秋經》所譏所善，皆於禮難明者也。其事著名，但如事書之，當按禮以正之。」所謂禮，即指周禮。[20]

此周禮，包含周代政治社會運作之宗法制度及禮文儀式，劉文淇意其肇自文王、武王之分封諸侯明定之宗法制度，及周公制作以輔助政治運作之禮樂儀文。而孔子作《春秋》之主旨，即欲闡發當時日趨衰微之禮禮制儀文。

劉文淇稱「周禮明，而後亂臣賊子始知懼」，此承孟子言，然孟子稱「孔子成《春秋》，亂臣賊子懼」者，在於孔子之褒貶筆誅，卻未說明褒貶之依據，劉文淇則申明孟子義，說明亂臣賊子足以懼者，即在於周文王、武王與周公立下之禮儀制度。蓋禮義根植於人心，不待

---

20 本論文徵引劉文淇《左傳舊注疏證》，皆出自北京中國科學院歷史研究所標點本。（北京：科學出版社出版，京都：中文出版社影印，1979年。）下引逕注明頁碼。

孔子《春秋》之褒貶，時人鳴鼓而共攻之，亂臣賊子豈
不畏懼。

周禮既然包含政治制度及典禮儀式，則欲闡發《春
秋》大義，必依據《左傳》記載之禮儀，劉文淇《左傳
舊注疏證》中，即詳引《周禮》以闡明當時之政治及禮
樂制度，依據《儀禮》、《禮記》，闡釋《左傳》記載
儀節，以闡發《春秋》蘊含之褒貶意義。如隱公立桓公
而奉之一事，劉文淇「疏證」論云：

> 隱之攝位，《傳》於元年發之，見隱公之不書即
> 位，由於攝位。此《傳》先《經》起義，見隱之
> 攝位，由於立桓為大子。鄭眾以此傳立字即為攝
> 立，義有未安。[21]洪亮吉《左傳詁》謂杜注亦本
> 賈義，是也。惟謂「使國人知桓有君道而奉之，
> 非隱以君禮奉桓」，語涉含混。

> 按《禮記·曾子問》云：「君薨而世子生，如之
> 何？孔子曰：卿、大夫、士從攝主北面於西階，
> 大祝裨冕，執束帛，升自西階，盡等不升堂，命
> 毋哭，祝聲三，告曰：『某之子生，敢告。』三
> 日，眾主人、卿、大夫、士，如初位，北面。大
> 宰、大宗、大祝，皆裨冕，少師奉子以衰。祝先，
> 子從，宰宗人從，入門，哭者止，子升自西階，

---

21 《左傳正義》引賈逵云：「隱立桓為大子，奉以為君。」鄭眾云：
「隱公攝立為君，奉桓為大子。」（卷2，頁2）

殯前北面。」鄭注：「攝主上卿代君聽國政。」
疏云：「〈士喪禮〉：朝夕哭，大夫即位于門外，
西面北上，外兄弟在其南，南上，賓繼之北上，
若其門內位。主人堂下直東序西面，兄弟皆即位
如外位，卿大夫在主人之南，是朝夕內外哭位，
皆東方也。今乃從攝主北面于西階南，故注云『變
於朝夕哭位也』，三日之朝，自眾主人以下，悉
到西階下，列位如初日子生之儀也。以子自為
主，故不云攝主也。」

按：隱之攝位，雖異於上卿之攝主，然立桓為大
子，必告殯宮。是時隱未即位，其告殯之禮，桓
當自為主，當與子生三日告殯禮同。隱當與眾主
人北面立於西階南，桓公升自西階，北面告殯，
是隱公以君道奉桓，故賈云：『隱立桓為大子，
奉以為君也。』（頁3）

隱公立桓公而奉之，賈逵與鄭眾之觀點不同，在於隱公
是否奉桓公為國君，杜預、洪亮吉分別依據賈逵及鄭眾
說論之。劉文淇則引《儀禮》、《禮記》及注疏，詳述
喪禮中卿攝位儀式及世子告殯儀式之差異。據此而推
論，隱公「立而奉之」，實即攝位，立桓公為太子，並
奉以為君。

　　劉文淇《左傳舊注疏證》詳論禮制儀文，藉以闡明
《春秋》及《左傳》記載之內容。禮儀制度既明，則當

時君臣行事之得失，自可考見，《春秋》之褒貶，亦可得知。

四、劉師培論述與歸納之《左傳》禮例

　　以禮文制度作為闡釋《春秋》義法之依據，是清代中葉《左傳》學者之重要論述，但各家著述形式，皆以注釋為主，在經傳注疏中闡述禮義及蘊含之褒貶，未強調以禮作為義例以闡釋《春秋》之方式。

　　晚清常州學興起，強調《公羊》學之價值，作為政治改革之依據。劉逢祿等學者再次提出劉歆變造《左傳》說，藉著攻擊《左傳》，稱其並非傳經之作，無關《春秋》大義。因於此，《左傳》義例之歸納論述，遂成為申明《左傳》係注《春秋》之重要證明，其中時月日例、書名書字等例，《左傳》既與《公羊》、《穀梁》說多能相通，自是難以超越《公羊》、《穀梁》言，[22]學者能發揮《左傳》釋經之處，惟在於禮文制度，故《左傳》學者從禮例著手，此以清末民初之劉師培為代表。

---

22 如劉師培歸納之《左傳》例，分作「時月日例」、「地例」、「名例」、「事例」、「禮例」六項，其中「時月日」、「名例」、「事例」等多採《穀梁》家說。

（一）《春秋》禮義之闡發

劉師培是劉文淇曾孫，繼承儀徵劉氏學之特色，重視漢代學說，歸納漢儒經說義例，其《左傳》學特別強調「禮例」。論述重心，不同於其先祖闡釋《左傳》記載之禮文儀式，而在於申明史官「據禮書《經》」，後人須「因《經》識禮」，即史官之記載，已以禮制作為基礎。其《左傳古例詮微·禮例篇》云：

> 夫禮以昭失，典以志《經》，昭德塞違，王教之大者也。正變之禮不明，則《春秋》之義不著，杜昧其制，或以書禮屬史文，于成《經》納幣弗書，妄云文缺，斯則逆臆之詞，無徵之說矣。（《劉申叔遺書》，頁 330）[23]

據其說，《春秋》記載之禮文原本即有正例、變例之不同，但二者均有闡述事件得失，評斷相關人物功過之作用，此正說明《春秋》原本即不是一部單純之國史記錄，而是本著「昭德塞違」，企圖彰顯王功、勸得戒失之編撰。而其中評斷功過之標準，即是周禮。

周禮與古文《周官》之關係，自漢代學者即多爭論，清代強調「以禮釋《春秋》」之學者，觀點亦多歧異。劉師培意以韓宣子在魯所見之周禮，並非後世流傳之《周

---

23 本篇徵引之劉師培說，以《劉申叔遺書》（南京：江蘇古籍出版社，1997 年）為主，逕標明引文所在頁碼。若徵引自今人校注劉師培著作，則另注明。

官》，然《周官》亦出自周公編訂，故其精神相同，唯時代變遷，後人因時損益，故其內容制度與《春秋》時代不盡相同。其論云：

> 先儒說《經》，並云《經》約周禮，據昭《傳》說，魯史與周禮同名，《經》裁魯史，以制義法，則《傳》釋《經》事，凡以禮、非禮相明者，均周禮也。其有事僅見《傳》，《傳》以禮、非禮相詮者，亦周禮也。惟諸侯五年再朝，《傳》云古制，知與周殊。

> 夫「周禮」之文，《傳》凡七見，是蓋舊章之屬，象魏所懸，衡以《周官》，同名殊實，惟《周官》自出，亦溯姬公典制法程，宜相敁合，故漢師釋《傳》，互況《周官》，及說《經》文，引徵益數。遇為冬遇，禮有詛盟，三望為山川分野星是也。古學二《經》，互為表著，語其離合，有若斳騥，辟之《公》、《穀》二家，必衷〈王制〉，師濼所著，百世莫能易也。（頁330）

周代禮儀不同於上古習俗或殷商制度，係經過周公有意義之改作，此即周公之「制禮作樂」，而《春秋》是史官以周禮為標準，取裁魯國史編訂而成，故劉師培稱「《經》裁魯史，以制義法」，此義法即周公制定之禮儀制度。

（二）《春秋》禮例之正例與變例

劉師培既闡明《春秋》與《周禮》之關係，但《春秋》經文簡約，所載史事亦經史官甄擇，如何據其記載而知禮義，或如何據禮文以釋《春秋》，皆非易事，劉師培考察《春秋》之禮文記載，認為《春秋》記載禮制相關問題，實有正例、變例之不同，其《左傳古例詮微·禮例篇》論云：

> 《經》有繁約，例有恆變，有書《經》為恆，弗書為變者，如公及夫人必書薨葬，內女書歸，夫人書至，大夫書卒是也。然薨不成喪則不書葬，逆不以卿則不書至，女適世子則不書歸，公不臨喪則不書卒，蓋禮區隆殺，殺則削。

> 書鄰國所詳，惟限卒葬。據賈說，則君弒，賊不討不書葬。然蔡景亦書，陳侯躍之屬不書，知《經》書外葬，例匪一端。詳內略外，《經》例然也。（頁 330）

劉師培舉喪葬、嫁娶為例，說明「詳內略外」是《春秋》記載禮文之基本原則，此即正例。依此正例，《春秋》應詳細記載國內婚喪禮文，若《經》文有所闕漏，必含有貶責義。

劉師培稱《春秋》記載禮文之變例有二：

其一、恆禮不書，書昭正變。其論云：

抑或恆禮不書，書昭正變。如三年治兵，典非一
舉；諸侯歸祴，至匪一邦；祭社歸祳，非惟石尚；
太子之生，弗僅子同；仲冬內狩，非限狩郎；外
使納幣，非徒蕩、壽；內使致女？寧獨季孫，女
必有媵，不必共姬。《經》於各典，僅一二書，
書以示義，亦以刊舊史也。（頁330）

此與《公羊》家「常事不書」義近似，然劉師培稱《春
秋》常禮載一二例以示義，既有此禮例，則其後經常性
典禮若無違背禮制，即不復記載。

其二、恆禮不書，書者非禮。劉師培云：

其有恆禮弗書，惟書變禮者。《經》書作主、立
武宮、丹楹刻桷、致夫人，僉云非禮。大水，鼓
用牲，則云非常。又三望之祭，不郊斯書。吉禘
莊公，因速斯書，有事太廟，逆祀斯書，朝廟告
朔，不告斯書。武宮之祭，去籥斯書。夫朝廟饗
祀，有國之常，作主禘祭，亦又恆典，有舉必書，
史之正也。

《經》惟昭變，斯弗著恆，以變說恆，於制則悖。
隱《經》叔姬歸于紀，賈云刺貴叔姬。蓋先師之
誼，以為嫡死不更立，紀則叔姬升嫡，以襲伯姬，
制乖攝祭，於位為踰，《經》故特書，以昭禮變。
（頁331）

其所謂變禮，包含君臣行事違禮及行禮之儀式有缺，故
史官記載其事以寓貶責。

《春秋》既依原則記載，非史例並一般人通曉，符
合禮儀與否，時人亦未能明辨。若將《春秋》所載變禮
視作常儀，則乖悖原旨，孔子以《春秋》教弟子，但孔
門弟子卻非盡詳其義，故言人人殊，惟左氏則詳述經過
以明其義。劉師培續論云：

> 《傳》于郊雩烝嘗，惟以「過則書」標例，郊兼
> 卜牲免牲，書雩則惟誌過。雩蓋大雩雩帝，弗與
> 山川之雩同。大雩過時，及再雩，《傳》或云旱
> 雩，次災異，亦隸炕陽。然旱雩惟祠山川，禮不
> 雩帝，雩帝弗時，雖旱亦過。杜別過雩、旱雩為
> 二，以旱雩為得禮，違之甚矣。（頁 331）

此以雩祭為例，說明《春秋》寓義須藉《左傳》記載而
能理解。劉師培說明周代之雩祭有大雩（常雩）、旱雩
之不同，大雩有過時問題，旱雩因乾旱不雨而舉行，則
無過時問題。劉師培據《左傳》記載，而稱《春秋》書
雩，實因魯君於旱雩時祭祀上帝，違背旱雩惟祠山川之
禮制。

《左傳》記載史事及如「君子曰」之時人評論中，
並無正例變例之說，但劉師培辨析《左傳》記載之禮文
制度，而稱《春秋》所書之禮，並非全屬正例，且其變
例中，更有《春秋》寓含之褒貶意義。

（三）《左傳》以禮釋《春秋》例

劉師培曾有意繼承先人，完成《左傳舊注疏證》，闡發《左傳》解經方式，但因投身政治事業，致使未能著手進行，但其撰述《春秋古經箋》（存三卷，宣公、成公及襄公元年至十年），以漢儒賈逵、服虔之《左傳》注作為依據，強調《春秋》義例，其中又以禮例為主。茲舉數例以明其說。

宣公九年《經》：「春，王正月，公如齊。」注：「《左氏》說，妾子為君，當尊其母，有三年之喪，而出朝會，非禮也，故譏魯宣公。」（《通典》卷九十三引《五經異義》）劉師培箋云：

> 諸侯在喪，以王事出，得稱爵，謂征伐之事也。朝會常禮，居喪而出，故云非禮。妾母書葬，知伸母尊公如例時，茲特月，明示譏。（頁277）

宣公如齊，《左傳》無相關記載，《穀梁》、《公羊》皆無申論，劉師培據許慎說，闡明宣公違禮，故《春秋》明著貶譏之義。

又如成公四年《經》：「鄭伯伐許。」注：「《左氏》說：諸侯未踰年，在國內稱子，以王事出則稱爵，詘于王事，不敢伸其私恩，鄭伯伐許是也。許叔重曰：《春秋》不得以家事辭國事，諸侯藩衛之臣，雖未踰年，以王事稱爵是也。」劉師培箋云：

《經》例：諸侯未葬稱子，雖王事亦稱子。既葬
稱爵，雖非王事亦稱爵，雖未踰年亦稱爵。謂既
葬，言夫既葬未踰年，所以得稱爵者，以伸王事
之故，此稱鄭伯者，以先君既葬，未踰年，得從
王事例稱爵。（頁282）

成公三年《經》：「春，王正月，公會晉侯、宋公、衛
侯、曹伯伐鄭。」注：「賈、服云：譏宋、衛，不稱子。」
劉師培箋：

會，從不與謀例。外諸侯，未葬雖已踰年，嗣君
不得稱爵，此定例也。此《經》未葬稱爵，與桓
十三年衛侯同。故賈、服以為譏。（頁281）

以上三者均《春秋》記載國君居喪期間朝會征伐等相關
禮儀之書例，劉師培承《左傳》及漢儒說，以國君居喪，
惟王事可不受居喪禮儀限制，其餘祭祀、朝會、婚娶，
遣使等事，均有限制。且此限制不僅止於諸侯，周天子
及各國大夫均然。[24]故魯宣公如齊非禮，而鄭悼公因王
事伐許，《經》則依常例書爵。

宣公十年《經》：「公如齊。」注：「劉、賈、許
云：不書奔喪，諱過也。」《釋例》弔贈葬例。劉師培
箋云：

---

24 大夫居喪出使為違禮者，如襄公六年《經》：「季孫宿如晉。」劉
師培箋云：「父喪未期，以君命出聘，非禮也。」

> 《傳》云：「公如齊，奔喪。」《經》不書者，
> 諸侯于天子之薨，無奔喪禮，謂不能棄其封守
> 也。天子如此，諸侯可知，則奔齊喪為非禮。《經》
> 諱國惡，故特不書。如不月，以上事月。（頁278）

依據禮制，諸侯無奔喪之禮，即天子喪亦然。《春秋》
記載宣公如齊，而未說明其故，據《左傳》知其「如齊
奔喪」，《春秋》不載明魯宣公至齊之原因，劉師培稱
「《經》諱國惡，故特不書」，是屬《春秋》書法之「曲
諱」變例。

　　《春秋古經箋》是劉師培繼承家學，強調「以禮釋
春秋」之宗旨，申論《左傳》條例，用以闡發《春秋》
之重要著作，雖僅三卷，但詳密而嚴謹，足以辯駁《公
羊》家以史書視《左傳》、並稱《左傳》不傳《春秋》
之言。

五、結　語

　　《左傳》雖與《春秋》關係密切，但因其與《春秋》
記載多有出入，經傳不一，不似《公羊》、《穀梁》逐
條闡釋經旨，發揮《春秋》義含，故後人每疑其非解經
之作，雖唐代《五經正義》修纂後仍然如此。

　　清儒自禮儀制度著手，藉著《左傳》記載之事件本
末，考察各國君臣之行為，用禮以衡斷其得失，據此論

定《春秋》之褒貶含意。此不同於《公羊》、《穀梁》家據書或不書及一字褒貶之論定方式，自有其深刻意義。蓋禮制儀文雖隨時代變遷，但有其穩定性及社會共通性，尤其在周代宗法制度下之禮樂制度，更是如此。

以此而論，以禮作為依據，探討《春秋》義含，自能契合孔子思想。清儒強調此義，透過闡釋禮文儀式，以呈現人事行誼之得失，進一步闡發孔子之《春秋》大義。

清代《左傳》學者，強調此說，多所發明，洵為《左傳》功臣，開啟後人研讀《左傳》重要方法。然其缺失，則在於禮制儀文之闡釋，無法清楚呈現《春秋》之主要精神，不若《公羊》、《穀梁》褒貶說之明確。劉師培雖歸納禮義以申論之，但仍多藉時月日之記載及書爵字名等差異而見之，是知就禮以考定《春秋》褒貶，仍有其不足處，但無可否認的，周代之禮制儀文是理解孔子作《春秋》之主要途徑。

柒、王韜《春秋》曆法簡議

一、前　言

　　《春秋》是我國現存最完整之編年體史書，其記年時月日，在《公羊傳》及《穀梁傳》中賦予特殊之褒貶意義，杜預、孔穎達均認為日月無褒貶義，其日與不日乃史家詳略或缺失所致，故杜預另作《春秋長曆》以明《春秋》記載之闕漏。杜預《長曆》之得失唐以下多所補正者，清代治曆名家陳厚耀、顧棟高等則以書為基礎，輔以日至、正月朔等編制《春秋》二百四十年間曆日。

　　近人楊伯峻《春秋左傳注》於《春秋》日食、朔日均記載其西元曆日，然其推算與陳厚耀、顧棟高殊異，且建朔之說亦異於前人，以王韜《春秋朔閏至日考》及《春秋日食辨正》，知其以王韜為本，而採西洋天文學史記載之日食證之，非以推步為主。此方法王韜發其前，而後人發之而益密。近古代曆法朔閏表，涉及《春秋》者，無不依循王韜之方法。

　　予拙於算術，於《春秋》曆法頗殊，往昔治《春秋》經傳，亦以其無關《春秋》大義及修身宏旨，略而不問，

近讀王韜書，據其說以考校孔穎達《左傳正義》及楊伯峻《春秋左傳注》，頗有趣味，因略述點讀王韜《春秋》曆法若干心得，實非治曆，用以驗經傳注疏，祈得微而顯之管見耳。

二、王韜《春秋》曆法著述

在太平天國時間，王韜因為太平軍獻策，為清廷發現，於同治元年逃避治香港，在香港前後二十年，結識湛約翰（1825-1899）及理雅各（1815-1897）等西方傳教士。其考察《春秋》曆法，本為協助理雅各將《五經》等典籍翻譯成英文。

王韜春秋曆法著作，主要有《春秋朔閏日至考》三卷、《春秋日食辨正》一卷及《春秋朔閏表》一卷，另有《春秋左傳集釋》六十卷，各書均草創於英格蘭時期，為其協助理雅各翻譯《左傳》前校理詮釋《左傳》之著作。

王韜受聘於英華書院，時院長為理雅各，立志將中國經典翻譯成英文，介紹給西方學術界，故聘任王韜協助。同治四年，理雅各回英國，隨即邀請王韜前往，王韜在理雅各家中約二年餘，協助理雅各翻譯《易經》、《詩經》、《禮記》及《左傳》，同治九年，王韜與理雅各返回香港，賡續工作，直至光緒十一年全部完成。[1]

---

1 參考呂實強：《王韜》（《中國歷代思想家》），臺北，臺灣商務印書館，1978 年。

　　《春秋朔閏日至考》中有〈與西儒湛約翰先生書〉三篇，分別討論置閏、朔至日月與杜預《春秋長歷》之問題，為其治《春秋》歷學重要觀念。惟未見湛約翰之回覆殊為可惜。

　　王韜推算《春秋》曆法，前後十餘年，推算依據亦迭有替換。其自云：

> 所推冬至，稿凡三易，一次宗元郭守敬《授時歷》，以隱公三年辛酉歲，為庚午冬至，次年壬戌歲，為乙亥冬至。第二次用新法增損，以隱公三年為辛未冬至，推至僖公五年為辛亥冬至，雖與《左氏》所載正月朔旦辛亥日南至相合，而與中西日食月日一皆不符。因定隱三年為癸酉冬至，蓋《春秋》、《左氏傳》所記兩冬至皆先天二、三日，本難與今法強合也。[2]

此三次所推定，前後約有二十日之差，王韜最後以《經》所載推定建元干支，再據以推算日食之時間，其與今人各家推算，則約有十日之差。而三十六日食，仍與西曆所載之日蝕時間亦有五至十日之參差。

　　王韜之《春秋》曆法，主要集中在日食、正朔建元及置閏之辨析上，《春秋朔閏至日考》上卷十七條，就

2　《春秋日蝕辨正》，頁 29。

其條目,即可得見其曆學宗旨[3],其中不少涉及經義詮釋
者,如第六條「周不頒朔列國之曆各異說」、第七條「晉
用夏正考」、第八條「經文四時不具說」,第九條「閏
月不必定歲終說」,及第十五條「非左氏原文辨」、第
十七條「杜元凱減閏辨」,可見王韜精熟《春秋》,治
經雖非志趣所在,[4]仍多創發性。

　　湛約翰熟習西曆,著有《幽王以來以來日食表》及
《春秋曆目表》,王韜校讀其書,指出其中不可信據者,
前者十五條,後者二十七處,主要仍在於《春秋》經傳
違異處,不可以《傳》改《經》,亦不可逕為逢彌,為
求合《傳》,而失曆數。

三、《春秋》經傳及各國所用曆法不同

　　《春秋》經傳曆法悖亂,王韜認為主要原因在於《春
秋》經傳所用曆法不同,各國所用之曆法不同,且《經》
文記載所用曆法,前後亦有所不同。

---

3 《春秋朔閏至日考》卷上 17 條如下:1、魯隱公元年正月朔日考。2、
　春秋置閏說。3、僖公五年丙寅歲正月辛亥朔日南至。4、魯昭公二
　十年己卯歲正月己丑朔旦冬至。5、文公元年無閏三月說。6、周不
　頒朔列國之曆各異說。7、晉用夏正考。8、經文四時不具說。9、閏
　月不必定歲終說。10、春秋時重歲星多用推步之法。11、傳兩書日
　南至。12、火猶西流之傳應在哀十三年冬。13、歲星不可以今法推
　說。14、古曆分至不繫時。15、非左氏原文辨。16、辰在申再失閏
　辨。17、杜元凱減閏辨。
4 呂實強與,見其著《王韜》頁 145。

　　周代各國所用曆法，不外夏正（建寅）、殷正（建丑）及周正（建子），魯國因篤守周禮，故前人於《春秋》所載曆法，均以周正言之，王韜則認為不然，他說：

> 各曆家皆據周正以推算，其實隱、桓至莊，率用
> 商正建丑之月為多，故所推往往與經文日月不
> 合。[5]

其意以魯國記事蓋非用全用周正建子，而是兼有建丑、建寅及其後之建亥蓋魯國史官以冬至日推算下年建元之日。

　　《春秋》始於隱公，隱公元年正月朔日之日期為其後二百四十二年基準，然歷來各家所考訂不同。合於此者不合於彼，合於《經》者，不合於《傳》，取捨之道言人人殊，王韜《春秋朔閏日至考》舉杜預古曆、《春秋長曆》、《大衍曆》及陳厚耀《春秋長曆》為例，說明其間舛誤者，[6]而歸納原因，在於《春秋》非全用周正，《左傳》則雜採國史傳聞，日期多不可信，未能用以考論曆法，王韜論曰：

---

5 《春秋日蝕辨正》（《續修四庫全書》據淞隱廬活字版影印，上海：上海古籍出版社，2002 年），頁 6。其〈春秋中西日食考〉亦云：「隱、桓之時，多用商正建丑，若以周正核經傳，日月往往不合，即如是年正月初四癸酉，冬至乃在隱二年閏十二月，是年正月庚子朔也。」頁 12。

6 據此四家立論者，不另論述。見《春秋朔閏日至考》（《續修四庫全書》據光緒己丑年弢園刊本影印，上海：上海古籍出版社，2002 年）卷上，頁 1。

> 《左傳》雜取史冊之文，其用三正，參差不一，
> 故與《經》多歧。

> 蓋邱明採取諸國之書，其間雜用三正，不歸一
> 例，非如《經》之皆行周正，為一遵時王之制也。
> 故求合《經》而復合於《傳》，必有所窒礙難通
> 矣。[7]

以此，故知《春秋》時月日自應以《經》為主，《傳》
則取其事件發展，而不得藉以考訂時日。

王韜此雖稱「《經》之皆行周正」，但其考訂日至、
建元朔日，則知魯非完全依用周正，初期多用商正。

《春秋》初期用商正建丑之說，近人楊伯峻《春秋
左傳注》亦同其說，隱公三年二月乙巳日食，楊伯峻即
稱：

> 此年亦實建丑，夏正則為三月……此是建丑之二
> 月，建子應為正月，以今法推算，此公元前七
> 二〇年二月二十二日之日全食。[8]

惟王韜推此日食應在西元之二月十四日，楊伯峻則據既
有日蝕記載推算，二者有八日之差。

王韜認為周平王東遷之後，已無頒曆，故各國各行
其曆法，如〈晉習用夏曆〉稱：

---

7 《春秋朔閏日至考》，頁2。
8 楊伯峻：《春秋左傳注》（北京：中華書局，1990年），頁23。

晉用夏正，夏之正月乃周之十二月也。推核全
《經》甲子而證之，以《傳》所記之時月互異，
其用夏正也。他如宋用商正，衛用殷曆，皆與周、
魯之曆不同，亦不可不知也。[9]

此稱各國曆法有別，不能一概堆之，而不僅與魯、周之
曆不同，實則魯曆亦前後不同。且如王韜所推，各年因
置閏之故，建元亦非一致。

又以《春秋》所載三十六日食考之，則更顯見其事，
王韜分析日食，復以西曆驗之，論曰：

《春秋》日食三十六，除兩比食外，得三十四。
此三十四年中，建丑者八，建子者二十一，建亥
者五，故諸家必據周正以術上求，每多不合。蓋
春秋之世，曆學不明，周既東遷，王室寖微，正
朔不頒行於列國。列國各有史官，各自為曆，於
是朔閏多舛，三正錯出，甚而至建亥，因之推算
之法亦不能明……今余所推，先以中西日月對
勘，而據至日以定朔閏，然後二百四十二載之日
月，蓋然以明。[10]

此即王韜考訂《春秋》二百四十二年曆法之方法，係以
西方曆書為基礎，以《春秋》所記載之日南至為一年之

9　《春秋朔閏至日考》卷上，頁 12。
10　《春秋日蝕辨正》，頁 11。兩比食分別於襄公二十一年及襄公二
　　十四年。

始，再以正月朔及日食朔為基準，而後推算各年置閏之時間。

　　據王韜《春秋朔閏至日考》中卷〈春秋長曆考正〉，《春秋》二百四十二年間，僖公以前以建丑為主，亦即用殷曆，文公以後則多建子，亦若干用夏正建寅及建亥（秦正）者。而此建元之差異，主要在於置閏造成日至延後或提前所致。

四、《春秋》經傳時日差誤問題

　　《春秋》時日乖訛，經傳難合，王韜先考察日至、建元，在以此為基礎，論列《春秋》三十六日食，其中合者僅十六，餘皆有所差繆，其認為主要原因在於「閏餘失次，日月遂致乖違」。

　　王韜認為春秋時，「史失其官，閏餘乖次，從古未有過於春秋之世，其難信未有過於《春秋》之書也。」[11]而經傳歧異，更是歷代曆家難以論定之問題，如《春秋》記載之第一次日食，於隱公三年春二月已巳日，《左傳》無記載，《公羊》、《穀梁》各有說，其後《大衍曆》、《授時曆》及杜預等皆有說，清人或據杜預《春秋長曆》，或據曆書而相譏刺，王韜則稱欲考訂《春秋》曆法，須

11　《春秋日蝕辨正》，頁2。

以經文為主，且曆法之考訂須與《春秋》經旨分離，其於「隱公三年二月乙巳日食」論曰：

> 故為《春秋》之學者，當據經以定月，不當移月以背經。今余以癸酉冬至歸入前年閏十二月初四日，於諸家所說並不從之，蓋此乃曆家之常法，非詁經之達旨也。[12]

王韜認為經傳記載差異，經文雖有建首之不同，然記載較為可靠，故當以經文為主，而杜預《春秋長曆》背經從傳，實不可取，昭公二十二年《經》十二月癸酉朔日食，王韜論曰：

> 杜元凱注此月有庚戌，當為癸卯朔，書癸酉，誤。

> 韜按是年正月二十四日冬至，日在壬寅，推至十二月癸酉朔，日食當在西國十一月十八日，中間置有閏月，應在六月後。而《傳》誤置於歲終，是《經》文不誤，而《傳》誤也。《傳》是年所記日月多與《經》不符，故杜元凱以癸酉為癸卯，寧背《經》而從《傳》，且據此以作《長曆》，其謬可知矣。[13]

今人楊伯峻注稱：

---

12 《春秋日蝕辨正》，頁 2。
13 《春秋日蝕辨正》，頁 26。

今年應置閏于五月，而史誤置于十二月，于《傳》
文見之。……此是公元前五二〇年十一月二十三
日之日全蝕。[14]

楊伯峻所言與王韜大抵近似，「中間置有閏月，應在六
月後」，之後殆為誤字，置閏在六月前則與楊伯峻稱應
閏于五月相符。為癸酉，王韜推為十一月十八日，楊伯
峻則據史書記載，為十一月二十三日之日全蝕。

五、自曆法考論《春秋》注疏問題

《春秋》三傳於時月日之意義不同，大致而論，杜
預不以記載日月為義，《公羊》、《穀梁》則稱其據褒
貶深義。王韜於登台視朔一事論云：

杜預元凱之意，凡時月不具者，皆史闕文，其《公
羊》、《穀梁》之義，各為曲說，今略而不取。
由《正義》考之，桓四年、七年皆無秋七月、冬
十月，……何休以為貶絕，范寧則云未詳，杜氏
以為闕文，其說頗長。蓋上古書以竹簡，而貫之
以繩，年湮代遠，保無有簡斷篇殘，剝蝕漫漶而
多所缺失也。[15]

---

14 楊伯峻：《春秋左傳注》，頁1432。
15 《春秋朔閏至日考》上，頁13。

在釋經上，王韜顯採杜預義，以為古書時月不具特別意義。而其說則又以其無記錄乃斷篇殘簡所致，則非杜預義。杜預稱史闕文，則史官失記，非由剝蝕漫漶也。

襄公二十七年《經》「冬十有二月乙亥朔，日有食之」，《左傳》稱「辰在申，司曆過也，再失閏矣」。杜預於此稱「追襄公二十七年頓置兩閏，以應天正，其後始符乎曆數」，《春秋》記載之日食，有現代天文推測為依據，其或有疏漏，斷無增載之理，若有則必為訛誤。至於置閏，及王韜考辨《春秋》三十六日蝕，總論曰：

> 《春秋》所載三十有七事，以授時曆推之，惟襄公二十一年十月庚辰朔及二十四年八月癸巳朔不入食限。蓋自有曆以來，無比月而食之理，其三十五食，食皆在朔。

> 《經》或不書日不書朔，《公羊》、《穀梁》以為食晦、食夜，二者皆非。《左氏》以為史官失之者，得之。其間或差一月二月，蓋古曆疏闊，至閏失當之弊，姜岌、一行，已有定說。孔子作書，但因時曆以書，非大義所關，故不必致詳也。[16]

---

16 《春秋日蝕辨正》，頁31。

襄公二十七年前之日食，有八處與西曆相符，故知頓置
二閏說不可信，王韜辨駁曰：

> 《左氏》再失閏之說，本為無據……當時史官曆
> 法雖疏，不應舛謬至此。此或係左氏誤聽傳聞而
> 妄載之書，非其實也。杜氏不明曆法，因《左氏》
> 有再失閏之言，遂創為頓置兩閏，逞其臆談，殊
> 駭聽聞。……施彥士曰：《經》書十二月，《傳》
> 稱十一月，杜氏捨《經》而從傳也。然以曆核之，
> 是月實在戌，周成改月，安得為再失閏。徐氏圃
> 臣謂辰在申，再失閏，乃前二十一年九月之
> 《傳》，誠千古卓識。而周正之不改月，於此益
> 信。[17]

杜預號為「杜武庫」、「左癖」，其精熟《左傳》毋庸
置疑，然其作注，於《經》、《傳》巧為彌縫，大有功
於經學，然於其所不能曲為彌縫，則多棄《經》就《傳》，
於曆法亦然，故王韜論云：

> 春秋時，曆術不精，失一閏者固有之，如昭公二
> 十年日南至在二月是也。然亦隨時追改，豈有再
> 失閏而不覺者乎。如再失閏，，則近此數十年間
> 日時者皆不能合，何以去千百年曆家猶能推算，
> 與經符合乎！大抵《左氏》長於史，不長於曆，

---

17 《春秋日蝕辨正》，頁6。

> 杜氏曲徇《傳》文，前去兩閏，此冬頓置兩閏，
> 皆非事實……曆家能推遠年之食，訂《春秋》之
> 訛者，自姜岌始。杜氏雖作《長曆》，卻非曆者
> 也。[18]

《春秋》三傳，《左傳》既善於禮，又長於記事，杜預注於史事原委又特為闡發，然史事立於曆法，蓋國君行誼與典章儀式，均建基於曆法，明各國曆法，而後史事為明。王韜雖於置閏言之，其於杜預之釋注，殆亦可得見。

六、結　語

　　王韜以西方曆學考訂《春秋》曆法，不拘泥於《經》《傳》時月日，其精審程度，為時人所贊，後人亦多徵引，用以編纂古代朔閏表，，對研究上古史，頗有裨益。

　　然王韜本身即是一變動時代中的先知先決者，致力於自強運動，鼓吹實業，學習西方科學，用以考訂古事，辦報以啟迪民智，均為時代先驅。而其《春秋》各部，雖是考訂日至朔閏之作，然用以考辨《春秋》經傳之記載，與前人注釋之得失，亦頗有裨益。

18　《春秋日蝕辨正》，頁10。

捌、晚清禮學館之設置與編纂人員考

一、禮學館之設置過程

禮學館原附設於禮部，清光緒三十二年（1906），禮部下屬學部轉呈四川總督端方奏折，稱：

> 「奉行新政，必自興興學教民，民之智能技藝，可師仿他國，獨至民德，則數千年文化之漸染，風俗之遺傳，必就我所自有者修而明之，並請開館分門編訂，為變政教後士庶通行之禮。」……當此改定官制，銳意維新之際，臣溥良等職任禮官，責無旁貸，本將歸併三寺，事宜擘畫就緒後，遴選通才，遵照《會典》、《通禮》既書儀、家禮、《五禮通考》等書，斟酌損益，釐訂朝野士庶通行之禮，奏請頒行，冀於於世道人心稍有裨

益。……原奏所請徵儒開館之處，擬由禮部附設
禮學館，詳慎編纂。[1]

同年，民政部奏請下飭禮部將《通禮》中，「凡關民人
通用之禮，如冠婚喪祭輿服之類，或重為申明，或量為
修改……其酌古準今，揆情度勢，去其繁重，歸於簡易，
使天下之人，咸曉然於朝廷制禮之意。」[2]據此可見，禮
制之修訂，及禮學館之設立，涉及禮部、民政部，為晚
清政治變革中之重要項目，亦為中國社會教育現代化過
程中，重要之環節。

　　清光緒三十四年（1908）設立禮學館，籌畫國家禮
儀制度的改革，配合學校教育、法律制度，期能制定適
合國民之禮儀制度，《清史稿·禮志一》記載此事，云：

德宗季葉，設禮學館，博選耆儒，將有所綴述。
大例主用《通禮》，仿江永《禮書》例，增〈曲
禮一目。又仿宋《太常因革禮》例，增〈廢禮〉、
〈新禮〉二目，附〈後簡〉，未及編訂，而政變
作矣。[3]

1　《光緒東華錄》光緒 33 年正月丙辰。《清光緒文獻彙編》（臺北：
　　鼎文書局）收錄，頁 5636。
2
3　趙爾巽等撰：《清史稿》（北京：中華書局，1977 年）卷 82，頁
　　2484。

藉此，大致可得知禮學館所欲進行的修訂方向。《清史稿‧職官》有「新官制」一目，於「典禮院」下立「禮學館」一條，惟惜其標注為「缺」[4]，故不得其詳。

二、禮學館人員

禮學館之設立，為清季重要之事，《清代職官表》及《清季新設職官年表》均立此目，《清季新設職官年表》立「禮制大臣年表」，下分「禮學院」及「典禮院」，後者由「禮部」改設。「禮學院」下僅列二位「總理禮學館事務」，分別是陳寶琛（1848-1935）及于式枚（1853-1916）。[5]而參與纂修人員，則未見於相關年表中。

《清代職官年表》雖僅列陳寶琛及于式枚二人，然考察晚清文獻，參與禮學館之學者，可考者十二人，其中任纂修者七人，任顧問者四人，[6]分別說明如下：

4　見《清史稿》，卷 196，〈職官六〉「新職官」，「禮學館」在「典禮院」下。目錄頁 36。

5　錢實甫：《清季新設職官年表》（北京：中華書局，1961 年），頁 52。陳寶琛任於宣統元年，于式枚任于宣統三年。《清代職官年表》（北京：中華書局，1980 年）內容相同。

6　尚有若干學者不赴徵者，如孫詒讓（1848-1908）、吳之英（1857-1917）。光緒三十四年（1908），禮部奏徵孫詒讓為禮學館總纂，不赴。未幾卒。見張謇〈孫徵君墓表〉，錢仲聯：《廣清碑傳集》（蘇州：蘇州大學出版社，1999 年）卷 16，頁 1081。吳之英，字伯碣，宣統元年，禮學館徵為顧問官，吳辭拒，就任四川存古學堂。

1.陳寶琛，禮學館總理。《清史稿・宣統皇帝本紀》：

> 宣統元年閏二月甲申……命前內閣學士陳寶琛
> 總理禮學館。[7]

2.于式枚，禮學館總裁。《清史稿・于式枚》：

> 于式枚字晦若，賀縣人。博聞強記，善屬文。光
> 緒六年進士，以庶吉士，散館用兵部主事。宣統
> 元年六月返國，以疾乞假。張之洞遺疏薦式枚堪
> 大用。轉吏部侍郎，改學部侍郎，總理禮學館事、
> 修訂法律大臣、國史館副總裁。[8]

3.曹元忠（1865-1923），字夔一，號君直，江蘇吳縣人，
　著有《箋經室遺集》二十卷、《禮議》二卷。曹元弼
　〈誥授通議大夫內閣侍讀學士君直從兄家傳〉云：

> 戊申（光緒三十四年，1908），朝廷立禮學館，
> 修《大清通禮》，溥玉岑尚書奏派兄為纂修，規
> 畫條例，延請師儒，悉咨訪焉。兄由是薦林晉霞
> 大令頤山、張聞遠同年錫恭、錢復初孝廉同壽及
> 余。余以蘇鄂存古學堂事，未能入京。林、張、
> 錢三君並入館為纂修。時禮教陵夷，邪說蠭起，
> 裂冠毀冕，拔本塞源，有岌岌不可終日之勢。兄
> 以亂之所生，惟禮可以已之，館中諸友有持異

7　《清史稿》卷 25，頁 967。
8　《清史稿》卷 443，頁 12444。

議，欲亂舊章者，兄與張、錢兩君正言力辯，援
據古今，申明大義，以合乎天則民彝之正，著《禮
議》數十篇，聞遠亦著「芻議」若干篇。總理陳
文忠公寶琛、于文和公式枚皆深韙之。歷三年，
《通禮》成，未及奏上，而亂做矣。[9]

曹元忠著有《禮議》二卷二十五篇，《箋經室遺集》卷
一有〈擬修通禮凡例〉二十條，為禮學館修禮之原則。
卷二並有議禮論述十篇。

4.張錫恭（1858-1934），字聞遠，一字殷南，號炳燭，
　江蘇婁縣人。曹元弼〈純儒張聞遠徵君傳〉：

初，余與君並治《禮經》，同受學於南菁院長定
海黃元同。先生尊聞行知，觸類變通，由後師之
說以深探先師碩意。以為漢代經師家法不同，而
莫純於高密鄭君，宋代理學宗派不同。而莫正於
新安朱子。說禮皆一以鄭義為宗。

丁未、戊申間，朝廷開禮學館，徵天下有道之人
修《大清通禮》，溥玉岑尚書奏保君與復初、君
直及余，余以方任湖北、江蘇存古學堂事，未能
應徵，三君子並為纂修，分編《禮書》，君任凶
禮。[10]

9　《箋經室遺集》（《清代詩文集彙編》收錄禮學齋本，上海：上海
　古籍出版社，2009年）卷首。
10　《茹荼軒續集》（《雲間兩徵君集》本）卷首。

《茹荼軒集》十二卷，其中卷二至卷七，均為禮制儀服
之論述，為全書之半。此外另著有《禮學大義》一卷、
《茹荼軒續集》六卷附《秉燭隨筆》一卷、《喪服鄭氏
學》十六卷等，均有刊印；又著《喪禮鄭氏學》，因該
書卷帙浩繁，刊未及半，抗戰爆發而中止（原注：稿藏
吳縣王欣夫處）。[11]

5.錢同壽（1867-1945），字復初，江蘇華亭人。田毓璠
　〈錢徵君墓誌銘〉：

> 君性剛，內外夾持，故自少壯峻廉，孤特自重……
> 獨與張君聞遠友善，以精研《三禮》齊名。……
> 禮學館之設，詔徵海內樸學，君與聞遠同應聘，
> 都中乃有禮學館兩聖人之號，蓋謂君與張君也。[12]

錢同壽（1867-1945）著有《讀廣雅疏證》《札記》、讀
《讀爾雅義疏》《札記》各若干卷，均為刊行。[13]沒後，
門人王大隆（欣夫）輯其論述六十八篇，為《待烹生文
集》四卷，與張錫恭《茹荼軒續集》合刊，為《雲間兩
徵君集》。

　　《待烹生文集》卷一論述十六篇，主要為凶禮變革
十篇，論述「輟朝會喪」、「復之儀式」，「斂服品數」、
「筮宅卜日」及「成服日」等節，係就《大清通禮》所

---

11 見《松江縣志》（上海：上海人民出版社，1991年）第31卷第1
　　章〈人物傳記〉。
12 《待烹生文集》（《雲間兩徵君集》本）卷首。
13 見田毓璠〈錢徵君墓誌銘〉，《待烹生文集》卷首。

闕漏者，補正其儀節。如小斂、大斂用衣之數，錢氏論云：

> 襲與大小斂，三者用衣之必不可少，聖人之制，
> 於今為烈，損襲斂衣數為簡易之制，以待人子自
> 盡其所得為者，自宋司馬氏《書儀》始，司馬氏
> 當日唯恐十九稱、三十稱非貧者所能，故改襲用
> 一稱，大小斂則據死者所有及親友所襚之 78457
> 衣，隨宜用之，意則善矣，然小斂大斂不免因此
> 而廢，其事廢則意亡……今擬用朱子喪用《儀禮》
> 之意，於襲小斂二節，品官以下，一律改從古制，
> 惟大斂之法，《通禮》用《書儀》，藉茵褥施棉
> 衾卷衣塞空處，令充實平滿，似亦不背古意，可
> 仍其舊。[14]

錢氏面深究禮俗之演進及古今異同涵義，而能以儀式彰
顯禮義，如襲斂之品物，強調襲斂本許用死者舊服及親
戚朋友之襚，本非貧者所須自備，故《通禮》不宜自為
減省而趨簡易以薄其親。

　　錢氏重視儀式之節次，以成全禮，故修訂禮儀中，
多倡議恢復舊儀，如恢復「復」之儀式，錢氏云：

> 〈士喪禮〉浴、含、襲三者，皆親初死日事，而
> 事有次序，先浴次含次襲，今《通禮》士喪及庶

14　《待烹生文集》，卷1〈修凶禮議三〉。

人喪禮，皆含在襲後，未免倒置。品官喪禮，又
但有陳設含具而未著喪主親含之文，則於浴後浴
前，未可縣斷，今擬悉家訂正。

今《通禮》自品官以下，初終時皆無此一節，意
必因其難行而汰之。竊謂必升屋必旅危，誠有委
曲繁重之慮，若如司馬氏《書儀》，就寢庭之南，
北面招之，則事不繁重，而足以達孝子愛親情，
亦何不可行也。[15]

此「復」儀之恢復，頗足以呈現錢同壽維護儀式中之古
禮意，且能因時地而做修正，以符合時代，表彰為人子
女者之孝道。其修訂禮儀，多參照司馬光、朱熹，如虞、
祔等節，即以其說為準，而稱「古人如溫公、朱子固有
行之者矣，其亦愛禮存羊之微意也夫」[16]。此皆錢氏能
張顯禮義，而損益儀節以合民用之修禮大旨。

　　禮學館各家均精通鄭氏學，且以鄭玄為宗，故雖有
折衷朱熹之說，然於宋明儒者之說，多不採論，顯與清
代《三禮義疏》之宗旨不同。錢同壽學術深湛，能折衷
諸家，行誼則以抱道之士自任，其《待烹生文集》四卷，
均以禮為核心，而論述所及，則見其考察世風，深以風
俗頹壞、國運衰亡為悲，以鄉里風俗之勸化為己任，蓋

15　《待烹生文集》，卷 1〈修凶禮議二〉。
16　《待烹生文集》，卷 1〈修凶禮議八〉。

欲將其覃思所得的禮學觀點化為官民均可通用之禮儀制度以施行於天下。

6.王葆心（1868-1944）

> 王葆心，字季薌，號晦堂，羅田大河岸古樓村人。自幼勤奮好學，成年入黃州經心書院讀書。府考以經學第一名取秀才。後入兩湖書院深造。1890年起，先後受聘為潛江傳經書院、黃梅調梅書院、羅田義川書院院長。旋以鄉試中第三名舉人，揀選知縣。後又舉貢考試名列第一，調京都任學部總務司行走，兼圖書館編纂、學部主事、禮學館纂修。[17]

王葆心精通方志纂輯，為著名之方志學家及教育家，其經學著作十餘種，其中《士民表禮通纂》[18]六卷（《附禮部禮學館修通禮民俗各議》一卷、《續議》一卷）及其任職禮學館所撰述之禮議，深見其與將經學會通於民俗及方志編纂之學術特色。[19]

7.王仁俊（1866-1913），禮學館纂修。

> 王仁俊(1866-1913)，字捍鄭，一字感薳，江蘇吳

17　取裁〈王葆心墓誌〉，筆者於 2011 年因參加「張舜徽百年誕辰紀念國際學術研討會」，會後隨同行考察王葆心故居墓園，此據其墓前碑文。

18　熊滌生〈論國學大師王葆心〉作《土民表禮通纂》，疑為士民之誤。

19　生平事蹟詳見葉賢恩《王葆心傳》，武漢：崇文書局出版社，2009年。

　　　　縣人。光緒十八年(1892)進士，授庶起士，後任
　　　　吏部主事，再入張之洞幕府；1905年赴日本考察
　　　　學務，回國後，相繼任學部行走、禮學館纂修，
　　　　編譯圖書局副局長兼京師大學堂教習等職。[20]

王仁俊精通文字訓詁，長於纂輯校勘，《格致古微》、
《群經講義》、《孔子集語補遺》、《毛詩草木今名釋》
顯示其會通漢宋今古之論學特色。

8.秦樹聲（1831-1926）

　　　　光緒三十四年，任禮學館顧問官。[21]

9.王式通（1863-1921）

　　　　字志盦，號書衡，祖籍浙江紹興。光緒三十三年
　　　　（1907年）即就補大理院推事，以御史記名總辦
　　　　法律館，兼充禮部禮學館顧問官。[22]

10.王樹枬（1852-1936），禮學館高等顧問。

11.曹元弼（1867-1953），該年，清廷設禮學館，編纂
　　禮書，曹元弼因主講存古學堂經學，未能應聘，列顧
　　問。

---

20 《江蘇圖書館學報》1966年第4期。
21 見《清代官員履歷檔案全編》第8冊　頁55-56。
22 見佚名〈王式通傳〉，《民國人物碑傳集》（成都：四川人民出版
　　社，1997年）頁57。

12.林頤山，浙江慈谿縣人，光緒十八年進士。著有《經述》四卷，典禮館事，見曹元弼〈誥授通議大夫內閣侍讀學士君直從兄家傳〉中。《經述》卷二所論王后首服，多與禮儀器物相關。

　　以上十二人，為參與禮學館研議禮制之可考者。僅曹元忠、張錫恭及錢同壽。

玖、晚清民初的復禮主張
曹元弼、曹元忠與張錫恭禮說要義

一、前　言

　　晚清到民初的數十年間，是我國亙古以來未有的巨變時代，不僅是國家命運發生前所未有的變化，文化思想也有異於傳統的發展。自鴉片戰爭開始，西方世界隨著堅船利炮而來的，不僅是武器科技，更有文化宗教，其影響所及，幾乎徹底改變我民族的傳統文化。

　　傳統文化核心的經學，在東西方不同知識的比較與競爭中，也幾乎與傳統武備遭遇同樣的命運。經學是支持傳統文化的理論，其核心內容即是禮儀制度，此是清代學者普遍的觀點；禮儀制度的考訂與其精神的論述，不僅是乾嘉考據學中最重要的成就，同時也是清代義理學者探討性理內容時異於宋明學者的重要觀點。

　　晚清經學盛行的是西漢的今文經世經學，盛行於乾嘉時期的東漢考據經學，自道光以後已被視為逐漸沒落。然不可否認的，清代禮學的代表性著作，多數完成

於晚清，如胡培翬（1782-1849）的《儀禮正義》、孫詒讓（1848-1908）的《周禮正義》及黃以周（1828-1899）的《禮書通故》等書，此在今文經世經學盛行的學術風氣中，不僅顯得獨特，實亦別具深刻的意義。

　　傳統經學的發展隨著中國最後一個王朝的結束與民國政府的成立，有著重要的轉變，盛行於晚清的經世經學幾乎隨清代政府一併結束，各經的發展亦各自有不同的轉變。但特別的是，禮學的研究，不僅未隨清政府覆亡而衰退，在民初仍有不少學者藉以闡發傳統學術的內涵與精神，此正顯示禮學與我民族的密切關係，不會因改朝換代而　消滅殆盡。

　　民初著名的禮學學者，如劉師培（1884-1919）、章太炎（1869-1936）等人，因為參與政治活動之故，向來是學術研究關注的焦點，其學術行誼亦為人所熟知。而在清亡後，遁跡山林，以遺老自居的曹元忠（1865-1923）、曹元弼(1867-1953)[1]、張錫恭（1958-1924）[2]等人，則學界鮮知其行跡，於其學思，更無所述及。但今大陸學界著名的禮學研究者，多受其影響，如錢仲聯（1908-2003）、沈文倬等禮學名家，皆出曹元弼門下，

1　本文徵引曹元弼生平相關資料，據王大隆〈吳縣曹先生行狀〉，原稿藏上海圖書館。
2　張舜徽《清人文集別錄・茹荼軒文集》云張錫恭「沒於一九二四年，年六十七」。本文徵引張錫恭事蹟，係依據上海市松江縣地方史志編纂委員會編纂《松江縣志》（上海：上海人民出版社，1991 年）第 31 卷第 1 章〈人物傳記〉。

文獻學家王大隆（欣夫，1901-1966）則受學於曹元忠、曹元弼及張錫恭，故曹氏被視為民國以來研究禮學的重要代表人物。

曹元忠、曹元弼兄弟及張錫恭皆為黃以周的弟子，三人的也同時參與晚清廷禮儀修訂的工作，既在禮學觀點上有許多相同之處，同時也是將積極想在禮儀變易中賦予新的含義，以適應世界的變化，在晚清民初精研禮學的學者中，極具代表性。

本篇論述以曹元弼、曹元忠及張錫恭為中心，[3]蓋其說對現代中國的禮學有深刻影響，呈現當時學者強調改變儀式同時，必須重視傳統禮文精神的觀點。

二、曹元弼的經學思想

（一）曹氏生平及禮學著述

曹元弼字穀孫，又字師鄭，一字懿齋，號叔彥，晚號復禮老人，又號新羅仙吏，[4]江蘇蘇州吳縣人，生於清同治六年（1867），卒於西元一九五三年，是晚清民初

---

3 與曹元忠、曹元弼及張錫恭同為黃以周門下學禮者，尚有唐文治，唐氏雖與曹元弼交好，且重視經學，畢生講經，闡發義理，但所論述以四書義理為主，《茹經堂文集》中述及禮者，僅寥寥若干篇，故此不論其說。

4 曹元弼字號多有異說，如「叔彥」或作「彥叔」，學者或稱此為曹元弼字，或稱此為其號。茲據王大隆〈吳縣曹先生行狀〉。

著名的經學家。[5]民國後歸居蘇州故里,以遺老自命,終其一生不剪長辮,杜門不出四十年,故世人多不詳其行跡。[6]茲據王大隆所撰行狀及相關記載,略述其生平及禮學著作。

　　光緒十一年（乙酉）,曹元弼肄業江陰南菁書院,從黃以周問故,[7]並與張錫恭、唐文治交游,質疑問難,於禮義多所體會,同年選為拔貢生第一,旋舉人中式,次年應禮部試,於瑞安客座識孫詒讓,論禮甚相得,父事之。光緒十五年,居母喪期間,將歷年讀禮條記,整理成《禮經校釋》二十卷,十八年刊成。[8]

　　光緒二十年（1894）會試中式,以目疾未與廷試,隔年補行殿試,又以字跡模糊,降列三等,以中書用。

---

5 陳剩勇〈當代治禮經之第一人—沈文倬先生學術傳略〉稱曹元弼「是與孫詒讓同時的禮學家,被譽為清代最末的一個經學家」。見《禮學與傳統文化:慶祝沈文倬先生九十華誕國際學術研討會論文集》（北京:中華書局,2006 年）頁 573-574。

6 《續修四庫全書總目提要・經部》吳廷燮撰〈禮經校釋提要〉誤稱曹元弼「入民國卒」,足見其入民國後遠離政學,故除其友人弟子外,多不詳其行跡。柴慶翔〈遺老舊事〉（《蘇州雜志》2001 年 5 期,總第 78 期,2001 年 10 月）略記其事。據謝巍《中國近代人物年譜考錄》（北京:中華書局,1992）,王大隆編撰《曹元弼年譜》,然不知其下落。（頁 731）上海圖書館所藏王大隆〈吳縣曹先生行狀〉,作於 1954 年,不知是否即謝氏所稱的年譜。

7 曹元弼《禮經校釋・序》云:「其中稱此本者,張氏敦仁所刊注疏。往時從管氏禮耕假讀其書,為注疏本之最善者。」（《續修四庫全書》據光緒十八年刊本影印,本文徵引《禮經校釋》均此版本）頁 528。於此知曹元忠、曹元弼均嘗從管禮耕讀書禮。

8 王大隆〈吳縣曹先生行狀〉稱「隔年刊行」蓋指喪期結束隔年。曹元弼《禮經校釋・序》作於光緒十八年,序文稱「今年正月刊成」。（頁 529）

後為張之洞延攬，歷任湖北兩湖書院山長、長沙存古學堂經學總教習，於兩湖書院時，闡發張之洞《勸學篇》說，撰〈原道〉、〈述學〉、〈守約〉三篇，以道其志，亦示諸生治學方法。同時與梁鼎芬同輯《經學文鈔》，成編而未及印行。[9]未幾，張之洞命其編撰《十四經學》[10]，立治經提要勾玄之法，約以明例、要旨、圖表、會通、解紛、闕疑、流別七目。已刻者《周易學》八卷、《禮經學》九卷、《孝經學》七卷；刻而未竟者，《毛詩學》、《周禮學》、《孟子學》各若干卷。其《論語學》則改題《聖學挽狂錄》，見其欲以孔學挽救世道於既倒者也。光緒三十三、三十四年（1907、1908），湖北、江蘇分設存古學堂，並延曹氏任經學總教。

9　《經學文鈔》卷首下目錄末有民國六年（曹氏作宣統九年，1917）曹元弼題記，云：「《經學文鈔》印未成，江蘇存古學堂爲惡其害己者之所去。尋大亂起，三綱絕紐，八表同昏，餘痛憤餘生，苟延喘息，忽忽至今。今姑取舊已印者編次成書，其所闕漏，俟後人補之。」知今存《經學文鈔》十五卷，蓋非全帙。

10　曹元弼《復禮堂文集・經學文鈔序》（臺北：文史哲出版社，1973年）稱「明年，元弼以南皮師命編《十三經學》，辭講習歸，杜門著書」（卷1，頁64）。其所云《十四經》者，或於《十三經》之外，另加《大戴禮記》，此合於其特別重視禮之學術觀點。又江蘇巡撫陳啟泰薦舉《禮經校釋》箚云：「曹元弼篤志經學，尤精於禮，撰《禮經校釋》二十二卷，其他所著《孝經學》、《周易學》、《三禮學》、《論語學》、《孟子學》及《詩箋釋例》，亦以卒業，《詩》、《書》、《春秋三傳》、《國語》各學，尚待復校。」（《禮經校釋》卷首）則其《十四經》，有《國語》而無《大戴禮記》。

　　宣統三年（1911），清帝遜位，其亦隨以致政，從此閉戶絕世，殫心著述。[11]所往來者，葉昌熾、鄒福保、張錫恭、朱祖謀、王季烈、劉錦藻、劉承幹數人而已。

　　曹氏以維護禮教自期，民初，孔林被兵燹，清東陵被盜，其竭蹙文以貲修之。致政後，為諸弟子講授經義，毅然以闡發聖道，提倡綱常，恢復名教自任。其學術以《易》、《禮》、《孝經》為重心，以會通為原則，《復禮堂文集》卷二〈周易會通大義論略〉、卷四〈禮經會通大義論略〉、卷六〈孝經會通大義論略〉，[12]均是其欲貫通諸經於一體的學術觀點。曹氏將三書中的會通卷裁出，收入其文集中，正可見其論述的重心所在。

　　民國二十八年（己卯，1939）後，曹氏為弟子講說禮經，以為威儀三千，乃政教典則之詳，人倫日用之實，上下通行，師儒講習，《禮記》則其傳。冠昏諸義，皆七十弟子會通經文，親受聖旨，提綱挈領，為後人舉隅，乃引而申之，觸類而長之，為《禮經大義》二卷。

　　曹氏雖生晚清，但其論學以力行治事為先，頗有兼容漢宋之意，〈述學〉論為學之要，論云：

---

11 曹氏於民國後，仍以宣統年號紀元，如《復禮堂文集》刊於民國六年，曹氏序末題「宣統九年」即是。
12 張舜徽《清人文集別錄》卷24〈復禮堂文集〉（北京：中華書局，1963 年）稱此「會通」三篇「蓋即當日從事編述之初稿，然皆言之平平，無甚心得」，頁 654。

> 漢之許、鄭，宋之程、朱，得孔氏之傳者也。背
> 許、鄭、程、朱者，背孔氏者也。由許、鄭、程、
> 朱以通孔、孟大義，實事求是，身體力行，為子
> 則孝，為弟則弟，為臣則忠，為友則信，則儒者
> 之能事畢，而宇宙之患氣無不可消矣。（《復禮
> 堂文集》卷1）

於此見曹氏經學思想之主旨，其既以孝悌忠信作為問學
目的，故頗斥劉逢祿、康有為等改革變法言論，以其背
離聖道，且背離西漢今文家言。[13]

曹元弼的禮學著作，以《禮經校釋》、《禮經學》、
《禮經纂疏》、《禮經大義》四部最為重要。《禮經大
義》及《禮經纂疏》，今未見，或未刊行。以《禮經校
釋》、《禮經學》及《復禮堂文集》相關論述，略述其
禮學要旨。

1.以禮教大義為群經主旨

曹元弼自號「復禮老人」，蓋深刻體會經學要旨在
於禮，而平復喪亂，復興國家之道亦在於禮，故其一生，

---

[13] 〈述學〉：「國朝為《公羊》學者，惟二家（孔廣森、陳立）無弊，
餘率詆訶《周禮》，譏訕康成，侮慢宋賢，目無法紀。群不逞之徒，
或借漢人推衍，依託黜周王魯等語，文其姦言，冐上無等，非聖無
法，蓋經學之敗類，聖世之賊民而已，今宜一切屏絕之。」（《復
禮堂文集》卷1，頁40）又卷二、〈論王弼注例〉：「近世言《公
羊》學者，好古好異，取漢儒有為言之之說，如黜周王魯，素王改
制之等，力為申述，張大以競勝於鄭學、朱學，而不覺其言之有弊，
數傳之後，遂為姦人藉口，成犯上作亂、糜爛生民之禍。」（頁
98）

以維護名教綱常，闡發禮文義理自任，〈禮經纂疏序〉
云：

> 六經同歸，其指在禮；禮者，天地之經緯，民之
> 所生也。《書》曰：「天敘有典，天秩有禮。」
> 《傳》曰：「民受天地之中以生，所謂命也。是
> 以有動作禮義威儀之則以定命也。」聖人承天之
> 道，因人之情，而為之節文，作為父子君臣以為
> 綱紀，教之以孝弟忠順慕友子愛，習之進退容
> 止，觀之揖讓酬酢，範之服物采章，使尊卑上下
> 內外粲然有文以相接，驩然有恩以相愛，放心邪
> 氣，不使得接。臻仁壽而去鄙夭，天地位，萬物
> 育，故曰「安上治民，莫善於禮」《孝經》言禮
> 者三章，《論語》言禮者四十餘章，自視聽言動，
> 與凡事親教子，事君使民，使民為國，莫不以禮。
> 周公所制《曲禮》正篇也。[14]

其所謂《孝經》言禮三章，殆指〈廣要道〉、〈感應〉
及〈喪親〉三章，此不僅論禮儀細節，而是闡明藉禮儀
以表現孝思。曹元弼雖稱此禮即指周公所制《曲禮》，
而孔子於《論語》、《孝經》闡釋其說，但其更近一步
將孔子倡言之仁與周公制作之禮相結合，〈周易會通大
義論略・論語〉云：

---

14 《復禮堂文集》卷4，頁448。

> 仁以孝弟忠信為本，則言思可道，行思可樂，德
> 義可尊，作事可法，容止可觀，進退可度，是謂
> 之禮。禮者，愛敬之極則，故克己復禮為仁……
> 仁著為禮，自視聽言動與凡事親教子，事君使
> 臣，為民為國，莫不以禮，故曰嘉會足以合禮，
> 極之動容周旋中禮，盛德之至……禮之所以為
> 禮，禮以義起，義者因時，〈鄉黨〉一篇，言孔
> 子行禮要節之妙，而終以時哉。所謂孔子聖之
> 時，君子而時中；中，元也，禮所以制中也。[15]

此將孔子思想中心的仁，轉化為禮。其意禮既是「愛敬之極則」，又是「盛德之至」，而孔子「聖之時」乃由於行禮要節之妙，其重視禮不言而喻；而其所謂之禮則不僅治身修養，而是「凡治天下之道，皆謂之禮，禮樂刑法政俗，備物典冊，君舉必書，無非禮也」。[16]曹氏依循《禮記·大傳》及《中庸》所述，強調禮的內容，蓋以人倫為中心，具體行之，則表現在「親親、尊尊、長長、賢賢、男女有別」五者，[17]而「長長統於親親，賢賢統於尊尊」，故「親親、尊尊、男女有別」，為禮之綱要；冠昏喪祭、聘覲射鄉與服物采章、節文等殺，

---

15 見〈周易會通大義論略·論語〉，《復禮堂文集》卷2，頁184-185。
16 見〈周易會通大義論略·穀梁〉，《復禮堂文集》卷2，頁174。
17 《禮記·大傳》：「親親也，尊尊也，長長也，男女有別，此其不可得與民變革者也。」《中庸》：「親親之殺，尊賢之等，禮所生也。」曹元弼蓋合此二者而成「親親、尊尊、長長、賢賢、男女有別」五者。

互為經緯，構成禮制禮文之全體，亦構成經學及教化之全部內涵。曹元弼《禮經學‧明例》云：

> 禮之所尊尊其義，三代之學，皆所以明人倫天經地義。民行得之則生，失之則死，為之則人，舍之則禽獸。知者知此，仁者體此，勇者強此，刑者刑此，樂者樂此。聖人之所以作君作師，生民之所以相生相養，皆由此道出也。[18]

禮即人倫，曹元弼此說雖本凌廷堪《禮經釋例‧復禮》為說，[19]但其特別強調其重要性。曹元弼不僅將此觀點用於釋注《三禮》，於相關論述中亦特強調此要義，如〈江蘇存古學堂經學策程說二南備禮教大義〉、〈江蘇存古學堂經學策程說先君之思〉均申衍此說，[20]闡述尊尊賢賢大義，而亦歸結於「明人倫」，足見曹氏強調經學的教化功能，視禮為經學主要內容的觀點。

2.釋禮以鄭玄為宗，以朱熹為輔

漢代稱禮，包含各種禮儀制度，《漢書‧藝文志》稱高堂生所傳《士禮》十七篇，即流傳至今日的《儀禮》。漢代注釋《儀禮》以鄭玄、王肅二家最著名，但至唐代，

---

18 《禮經學》卷1，《續修四庫全書》本，頁545-546。
19 《禮經釋例‧復禮上》：「聖人之道，一禮而已矣……自元子以至於庶人，少而習焉，長而安焉。禮之外，別無所謂學也。」（彭林點校本，中央研究院中國文哲研究所出版，2002年）
20 《復禮堂文集》卷3，頁249-266。

以立於學官故，唯存鄭玄。[21]至唐，賈公彥依據南朝齊黃慶、隋李孟悊二家義疏，作《儀禮疏》五十卷，[22]即今《十三經注疏》中的《儀禮注疏》。

《儀禮》名物制度與後世不盡相同，學者病其難讀，故唐宋學者多避之，復經熙寧變法王安石改試廢罷，宋代士人僅讀《禮記》而不讀《儀禮》，「故不能見其本末，場屋中《禮記》義，格調皆凡下」[23]。

曹元弼尊崇孔子，而歷代學者中，其認為漢之許慎、鄭玄，宋之程頤、朱熹四家闡述經傳，最得孔子意旨。其並認為鄭玄注禮，深得孔意，故六朝喪亂之際，周孔聖道，賴鄭注以存，〈禮經纂疏序〉云：

> 當時南國清談，墮壞名教，北郊戎馬，蕩覆典文，人臣反顏事讎，習為故事。文章綺靡，階屬淫昏，三綱淪，九法斁矣。而守道諸君子，說經鏗鏗，風雨如晦，雞鳴不已，以綿絕學於一線，其餘儒者議禮之文，亦根據經注酌理準情，足為典要。先儒謂魏晉以後，天下大亂，而聖人之道不絕，唯鄭氏禮學是賴，豈不信哉！（同上，頁442）

---

21 王肅注見《隋書・經籍志》，但《隋書・經籍志》云：「唯鄭注立於國學，其餘並多散亡，又無師說。」
22 見〈儀禮疏序〉，阮刊《十三經注疏》本《儀禮注疏》（臺北：藝文印書館，1979年）卷1，頁2。
23 見《朱子語類》（王星賢點校本，北京：中華書局），卷84，頁2187。

其推崇鄭玄傳緒聖人之學，有功聖道。於朱熹，則推崇
其遠紹鄭玄復興禮學，〈禮經纂疏序〉下續云：

> 朱文公以上賢純德，紹鄭君於百世之上，知治天
> 下知必本於禮，而《儀禮》為禮之本經，《周官》
> 其綱領，《禮記》乃其義疏，深忿安石遺本宗末，
> 博士諸生於儀法度數之實，咸幽冥而莫知其源，
> 上疏乞修《三禮》不果行，乃與弟子編《儀禮經
> 傳通解》……自文公作《通解》後，鄭氏禮學復
> 興。

曹元弼自云「嘗於先聖前自誓，願為《禮疏》（《禮經
纂疏》）、《孝經纂疏》、《歷代經儒法則篇》三書，
闡明聖道於萬一」，據此而論，其著作自是以鄭玄、朱
熹為宗，兼取賈公彥疏及胡培翬《儀禮正義》說，而辨
正胡氏徵引的敖繼公及郝敬說。

　　曹元弼推崇鄭玄、朱熹，《禮經校釋》、《禮經學》
二書採即承從其說而無違背者以成之。《禮經纂疏》亦
依此而作，並取清人張爾歧、胡培翬等考辨成果，欲求
「一器物陳設、一行禮節次，必推求其義以合乎人心之
所同然，由訓詁以達聖人作述之原」。然今未見其書，
或未刊成，殊為可惜。

三、曹元忠《禮議》相關問題

曹元忠字夔一，號君直，晚號凌波居士，江蘇吳縣人，曹元弼從兄。光緒二十年（1894）舉人，屢試進士不第，捐內閣中書，歷官內閣侍讀、資政院議員等，民國後以清遺老自命。著有《箋經室遺集》二十卷、《禮議》二卷。曹元弼〈誥授通議大夫內閣侍讀學士君直從兄家傳〉云：

> 戊申（光緒三十四年，1908），朝廷立禮學館，修《大清通禮》，溥玉岑尚書奏派兄為纂修，規畫條例，延請師儒，悉咨訪焉。兄由是薦林晉霞大令頤山、張聞遠同年錫恭、錢復初孝廉同壽及余。余以蘇鄂存古學堂事，未能入京。林、張、錢三君並入館為纂修。時禮教陵夷，邪說蠭起，裂冠毀冕，拔本塞源，有岌岌不可終日之勢。兄以亂之所生，惟禮可以已之，館中諸友有持異議，欲亂舊章者，兄與張、錢兩君正言力辯，援據古今，申明大義，以合乎天則民彝之正，著《禮議》數十篇，聞遠亦著「芻議」若干篇。總理陳

> 文忠公寶琛、于文和公式枚皆深韙之。歷三年，
> 《通禮》成，未及奏上，而亂做矣。[24]

　　曹元忠承其家學之醫理、詞章，又與曹元弼俱問禮於黃以周，而校讎目錄則受之於繆荃孫，故淵雅篤實，博學多聞，過於元弼。[25]蓋為近代著名詞人，亦是著名藏書家及校讎學者，輯錄《司馬法古註》、《荊州記》、《桂苑珠叢》、《兩京新記》等佚籍多種。自著有《箋經室所見宋元書題跋》、《箋經室遺集》等書。

　　曹元忠既與曹元弼同問學於黃以周，故其禮學思想亦尊崇鄭玄，唯其所論及僅〈喪服〉數篇，見於《箋經室遺集》卷二，此外未有禮學著述。張舜徽就其卷三〈周學制鄭義通說〉三篇，稱「知其研精鄭學，功力深厚」。

　　曹元忠《禮議》二卷及《箋經室遺集》卷二中收錄之禮學論述合計四十五篇，主要以帝王后妃及皇族之禮儀為主，《議禮》後附《律議》三篇，蓋回應法律館之罰則，稱其應以參酌傳統禮制。此問題在當時奏折中，頗見討論者，蓋沈家本總理之法律館據日本法律而修訂，唯內閣官員多不能同意其條文。

---

24 《箋經室遺集》（《清代詩文集彙編》收錄禮學齋本，上海：上海古籍出版社，2009 年）卷首。
25 張舜徽語。張氏又稱：「清末士夫讀書，多浮而不實，若元忠根柢經史，博究眾藝，冥索覃思，各有孤詣，信可謂一時之佼佼者也。」見《清人文集別錄》卷 24〈箋經室遺集〉，頁 653-654。

　　光緒三十三年（1907），清廷設禮學館，編纂通禮，曹元忠與張錫恭、錢同壽等具任禮學館纂修，《禮議》二卷二十五篇，即其於禮學館所撰錄者，亦是今僅存的曹元忠禮學論述，其中多據鄭玄注說以辨正前人禮說及行禮儀節之失當者，如〈冠禮見母不見父議〉云：

　　〈士冠禮〉：「冠者見母而不見父。」……蓋冠者禮成見母，有敬告之意焉……晉俗去漢未遠，已不能會先王制禮之意。或以為見母而不見父，似非心之所安，於是增拜父、父起之文，然於母猶云答拜也。至唐時，又以為母之於子何庸答拜，於是復改母起立不拜之文。宋政和議禮局諸臣不免流俗之見自必，誤以為漢唐冠禮當於人心而毅然從之。殊未思禮之近人情者，必非其至惟。經義重在成人而與為禮，故雖母子，亦用〈曲禮〉男女相答拜之義。鄭注：「婦人於丈夫，雖其子猶俠拜。」是也。

　　起立不拜已失禮意，而且冠者取脯為見母也，故母不在則使人受脯，今因見父并見母亦不取脯，是再失禮也。又見母之時，冠者爵弁、纁裳、韎韐，未嘗易服也，至見君始易玄冠玄端爵韠，今因見父并見母，亦復易服，是三失禮，合之見父，則為四失。《魏書・禮志》稱高祖曰：「昔裴頠作冠儀，不知有四。」今《政和禮》以誤從漢唐

> 之故，其失亦有四，而《家禮》、《明集禮》不
> 知其四失多從「見父而起也」，而猶襲之。今奉
> 敕補定冠禮，或恐不察，反據「拜父母，父母為
> 之起」諸文，以見母不得不見父相難焉，故揭〈士
> 冠禮〉見母不見父，由於冠本父命之義，俾後世
> 得知其義而敬守之也。[26]

冠者成禮後見母，〈士冠禮〉有明文，後人以其僅見母
而未見父，似有未妥，故增擬若干細節，使見母、見父
成為冠禮完成後的另一重要細節。曹元忠就冠禮的行禮
過程及各細節所彰顯的意義，而辨正前人制禮見父一節
實屬不必，且與冠禮禮義多扞隔不諧，故其禮議中擬恢
復古人儀節，而刪去見父一節。

　　又其〈冠禮無樂議〉辨正冠禮自天子以至庶民皆無
樂，〈皇子親王禮應親迎〉、〈昏禮舅姑在無廟見議〉
各條，均指出時行的禮儀中與古禮不合，且違背人倫義
理之事，故應修訂而後行之。

　　曹元忠所論辨禮文儀式諸事，明確有據，信實可採，
雖謹此寥寥二十餘條篇，然其中精闢之論，頗能匡正時
行禮節的缺失。

---

26 《禮議》（《叢書集成續編》影印《求恕齋叢書》本，臺北：新文
　　豐出版公司）卷上，頁30-31。

四、張錫恭禮說

（一）張錫恭之生平與禮學

　　張錫恭（1858-1934），字聞遠，一字殷南，號炳燭，江蘇婁縣人。其與曹元忠、曹元弼知交，於民國後，均以滿清遺老自居，遺世獨立，故後人亦多不詳其學術。其事蹟略見於曹元弼〈純儒張聞遠徵君傳〉，主要亦為禮學館修禮之事，傳云：

> 初，余與君並治《禮經》，同受學於南菁院長定海黃元同。先生尊聞行知，觸類變通，由後師之說以深探先師碩意。以為漢代經師家法不同，而莫純於高密鄭君，宋代理學宗派不同。而莫正於新安朱子。說禮皆一以鄭義為宗。

> 丁未、戊申間，朝廷開禮學館，徵天下有道之人修《大清通禮》，溥玉岑尚書奏保君與復初、君直及余，余以方任湖北、江蘇存古學堂事，未能應徵，三君子並為纂修，分編《禮書》，君任凶禮。[27]

曹元弼稱張錫恭特重喪禮，蓋以「人倫之規矩準繩在禮，禮之本在喪服。喪服雖禮經中之一篇，而實五禮之綱領，

---

27 見《茹荼軒續集》（《雲間兩徵君集》本，1949 年）卷首。

群經之本源。五禮之有喪服，猶《六經》之有《孝經》，
所謂天秩天敘，至德要道。」[28]《松江縣志‧人物傳記》
載云：

> 張錫恭，字聞遠，號殷南。清松江府婁縣人（今
> 上海市松江縣），家住西門外南埭。光緒二年
> （1876）秀才，光緒十一年拔貢。時江蘇督學黃
> 體芳建南菁書院于江陰，錫恭就學於該書院，精
> 治《禮經》。光緒十四年鄉試中舉後，益潛心研
> 究三《禮》，以鄭玄為宗，兼攻百家之說。曾在
> 松江府中學堂執教，又在姚、韓兩大姓家坐館，
> 以經學負盛名。光緒二十五年被聘為兩湖書院經
> 學分教，治學嚴謹，任教三年，學生悅服。光緒
> 三十三年北京設禮學館，纂修《大清通禮》，被
> 徵召為纂修官，分任纂訂喪禮部份，著有《修禮
> 芻議》二卷。[29]

> 辛亥革命後回家，築新居於小昆山東麓，與祖
> 墓、宗祠為鄰，過隱居生活。以清朝遺老自居，
> 留長辮不剪。為人正直，在鄉里有聲望，畢生精
> 力用於讀書著述。民國十三年（1924）江浙戰起，
> 避兵亂至其甥張澤封文權家。九月，病逝于封家。

28　曹元弼〈純儒張聞遠徵君傳〉。
29　按：《修禮芻議》收入《茹茶軒文集》卷2、卷3。

　　著有《禮學大義》一卷、《茹荼軒集》十二卷、
　　《茹荼軒續集》六卷附《秉燭隨筆》一卷、《喪
　　服鄭氏學》十六卷等，均有刊印；又著《喪禮鄭
　　氏學》，因該書卷帙浩繁，刊未及半，抗戰爆發
　　而中止（原注：稿藏吳縣王欣夫處）。[30]

張錫恭生平事蹟，今可見者寥寥僅若此耳。曹元弼盛讚
其禮學諸說，稱「先生之學，囊括大典，網羅眾家，廣
大精微，直與鄭、賈並重，其至理名言，足以感發人心，
有功名教」[31]。張舜徽則稱其：「與曹元忠、元弼交最
密，同為禮經之學。元忠著有《禮議》，元弼著有《禮
經校釋》、《禮經學》，而皆不及錫恭之精。」[32]
　　張錫恭自云：

　　經有十三，吾所治者唯《禮經》，《禮經》十七
　　篇，吾所解者，唯喪服。注喪服者眾矣，而吾所
　　守者，唯鄭君一家之言。吾於學可謂隘矣，雖然，
　　由吾書而探鄭君之誼，其於鄭君《禮注》之意庶
　　幾其不倍乎；由注誼以探《禮經》，其於周公制

---

30 見《松江縣志》（上海：上海人民出版社，1991 年）第 31 卷第 1
　　章〈人物傳記〉。
31 見王大隆〈禮學大義跋〉，《禮學大義》（《庚辰叢編》本）卷末，
　　頁 11。
32 見張舜徽《清人文集別錄》卷 24〈茹荼軒文集〉，頁 650。

> 服禮注之心庶幾其不倍乎；由制服以觀親親尊尊
> 之等殺，於聖人之盡倫，或可窺見萬分之一乎！[33]

其意謂周公孔子制禮之要，在於尊尊親親，而喪服等差，最能彰顯尊尊親親的不同，且為人道之常經，[34]故專就此而論之。然喪服論述，見於《隋書‧經籍志》者眾，其所以專主鄭玄一家者，蓋承陸德明《經典釋文》所云：「以鄭注為宗，庶可上契周公制作之心法。」故劉承幹又稱其「篤守鄭君家法，無一語出入」，其篤志精研，宗法鄭玄禮學之意，不難得見，而其論述及思想的特色，亦由此可知，無怪乎張舜徽稱其精審過於曹氏兄弟。

（二）掇述《三禮》要義，總歸於鄭玄

　　張氏既精禮學，且以鄭玄為宗，故於宋明儒者之說，多不採論，其論及朱熹《儀禮經傳通解》，即強調其從遵從鄭注之特色。《禮學大義》云：

> 朱子作《儀禮經傳通解》採錄鄭注，一字不遺，而闡明鄭注尤多，可見朱子服膺鄭注甚深也……《經傳通解》之例目，皆朱子所手定，其編輯者皆出自親炙朱子之門人，其書採錄《小戴記》，

33　見劉承幹〈喪服鄭氏學序〉轉引，《喪服鄭氏學》（臺北：新文豐出版公司影印求恕齋刊本）卷首。

34　《禮學大義》：「漢魏以降，典禮蕩然，惟喪服之期尚沿古制，雖以唐高宗、明太祖之變亂，而大體終不改，豈非人道之常經，而天秩之不可泯滅者哉！」（《庚辰叢編》，頁90）

> 皆全錄鄭注，然則遵朱子者，尤當以鄭注為宗
> 矣。[35]

相較於曹元弼兼用鄭玄、朱熹禮說，張錫恭則堅守鄭玄。其《喪服鄭氏學》中，於宋元諸家論述，如李如圭、吳澄、陳澔、敖繼公等各說，多據清人闡發鄭玄說者以駁之。

（三）禮時為大，損益變革以合民用

　　張錫恭雖尊崇鄭玄禮說，但於禮儀的儀節，則能體會其與時俱變的必要性，其於晚清修禮時稱「大綱固無變更，而禮時為大，則夫文章制度，豈能無所損益」[36]，故其亟欲改變因儀式的繁文縟節而造成的財物負擔，強調禮文精神，使百姓可以遵循，〈議禮芻議二・總論〉云：

士昏禮納徵玄纁、束帛儷皮，固周公所手訂者也。而於〈媒氏職〉曰：「凡嫁子取妻入幣，純帛無過五兩，夫祗曰無過不曰無不及者，明富民不得或過，而貧民容有不及也。以周初民力豐富，而周公猶曲體民情如此，所以立萬世常行之道也。爰迨春秋，林放問禮之本，夫子曰：「禮，與其奢也，寧儉；喪，與其易也，寧戚。」……

---

35 《庚辰叢編》本，頁73。
36 《茹荼軒文集》（民國十二年華亭封氏簣進齋刊本）卷2、〈修禮芻議一・總論〉頁1。

蓋當時民力以不逮矣，容不能盡合禮文，而重在不失禮意。

夫禮之著於篇者，中制而已，以今日時事多艱，民無常產，財匱而事劇，欲責其盡合禮文，有以知其事不行也。宜併發明喪主於哀，禮主於敬，而器物稱家之有無，雖窮鄉瘠土，亦得申其哀敬焉，則禮義皆可遵循已……今者修禮，期於實踐而不為空言，而實踐尤在內心而不徒器物，爰以通行士庶之方。[37]

古代雖謂「禮不下庶人」，但隨著時代變易，大夫而為庶人，禮儀制度行於天下，婚喪的儀式及儀節，雖官員百姓隨其職位身分而有不同，但禮儀行於天下，既是倫理綱常的表現，同時也成為社會制度的部分。張錫恭考量晚清時期國勢積弱不振，戰亂頻仍，人民生活普遍窮困，故強調禮意的精神及其重要性，對於儀式細節及相關器物，則視百姓能力而損益之，如此既可以使人表現其誠敬之心意，亦維護禮制的完整，有助於社會的穩定和諧。

（四）喪服等差，彰顯人倫精神

〈中庸〉稱「親親之殺，尊賢之等，禮所生也」，禮的儀節繁瑣多端，要以能顯示行禮者之間的親疏遠近為主要目的，張錫恭〈修禮芻議五・服制〉云：

---

37 《茹荼軒文集》卷 2，頁 4。

聖人南面治天下，必自人道始。人道者？親親
也，尊尊也，長長也，男女有別也。人道者何？
尊尊也，長長也，男女有別也所不可以與民變革
者也。而制服之六術由此而生。六術之目：一曰
親親，二曰尊尊，三曰名，所以著男女長幼之別
也；四曰長幼，三殤之服，所以明長幼之序也，
以是四者為之經。五曰出入，六曰從服，以緯之。
親親有殺，尊賢有等，相愛有恩，相接有文，以
經緯天下之大經，其詳在《禮經‧喪服篇》。而
劉氏《別錄》序《禮經》目，列於凶禮之首，明
不止為凶禮用也。……

（明）太祖……舉凡尊親之信區，適庶之貴賤，
一掃而盡空之，而刪三殤之服，以廢長幼之節
者，尤其次焉者已。泯泯棼棼，禮法大亂。曾何
異屬王之制法則，而詩人刺之，目為憲憲泄泄
也。（頁 11-12）

張錫恭依據此原則，在修訂禮制時，面對歷來紛紜之喪
服眾說，一以人倫為考量，如〈為人後者之子為父之本
宗服〉云：

統有尊卑，則降有等級，天子諸侯當別論矣。大
夫之尊，有降而無絕，則大宗之尊，亦當有降而

無絕，降服一等，以足明所後者之親矣，奚必絕
其恩於彼，乃始明其親於此。[38]

〈女子兩出不再降〉云：

《開元禮》曰：「出降者，兩女各出，不再降。」
錫恭嘗讀而善之，以為唐人雖紊古制，而於此尚
合乎《禮經》……至明人大亂舊章，乃於緦麻章
著嫁女為同堂姊妹之出嫁者而兩出，於是有再降
之明文，而從祖姊妹有相視同路人者。嗚呼！何
其薄也。

錫恭嘗以《開元禮》之說，徵之於經，而得一證
焉，一參證焉……古人風俗敦龐，兩出不再降，
習為固然，經傳不待明言，世衰俗薄，始有疑及
再降者，《開元禮》於是乎著之。然經傳雖不明
言，尊同不降者，如是不啻明言矣！[39]

此二者一方面訂正明代修訂的禮制不合於古禮之處，一
方面就人倫天性之親恩而論，說明當時通行禮制中，頗
多沿襲明制而違背古義者，必須修訂以合於人倫精神。

（五）教民之要在於禮

張錫恭稱「教民之要有三：家庭之教、禮俗之教、
庠序之教。」三者要旨均在於禮，其論云：

38　《茹荼軒文集》卷3、〈修禮芻議十三〉，頁6。
39　《茹荼軒文集》卷3、〈修禮芻議十四〉，頁7-8。

> 家庭之教，詳在《儀禮》、《禮記》，至於禮俗
> 之教，鄉遂大夫以至於比鄰之長，皆其師也。其
> 民皆所教之人也。其具則冠昏、喪、祭、相見之
> 禮，歲時所讀之法也。而其要歸在使人父子有
> 親、君臣有義、夫婦有別、朋友有信也……禮俗
> 之教立，而無一人不被教澤已。[40]

張錫恭受命為禮學館纂修官，亟欲將其覃思所得之禮學
思想化為禮儀制度以施行於天下，而禮儀變革增損自須
於教育中推行，故其強調家庭教育及學校教育皆以禮俗
教育最為重要，蓋禮教深入民心，則庶民百姓進退動靜
合乎儀節，而民德自是歸於淳厚。

五、結　語

　　曹元忠、曹元弼、張錫恭在民初均以滿清遺老自居，
對傳統禮制的維護不餘餘力，視其為文化表徵。三者均
受禮學於黃以周，對鄭玄禮學有深刻認識，故對當時禮
學傳授有重大的影響。其中曹元弼、張錫恭以禮學名家，
曹元忠廣博多方，而不以禮著稱，但曹元忠與張錫恭曾
入禮學館，故能發揮其對禮制之了解與體會，對當時禮
儀議論頗有影響。

　　晚清民初，因西方風俗制度傳入，政治及社會制度

40　《庚辰叢編》本，頁80。

面臨重大改變，禮儀制度之變革已是不可阻擋之趨勢，其中婚禮、喪禮、相見朝見等儀式，最難以維持舊制。婚禮儀式在清中葉隨著西方宗教傳入，宗教儀式的典禮以逐漸被國人接受，與傳統婚禮並行。喪服隨著社會經濟的變革，不論是喪期制度或是喪禮儀式，均難以盡從古禮。而友朋相見、朝儀形式的改革，以鞠躬握手取代跪拜，更是當時學者有志一同的主張。

曹元弼、曹元忠及張錫恭均是精研古禮之學者，謹守鄭玄、朱熹觀點，對於禮儀制度及喪服之考辨均深有所得。然就其論述而言，卻不難考見，其強調禮教大義，大於對儀節之堅持，強調禮制中因人倫親疏而有之差異，及與時俱進之儀節，方是禮之核心精神。就此而言，曹元弼等人雖以遺老自命，卻非不知朱熹「古禮於今實難行」之理，故推崇鄭玄、朱熹者，欲以維護名教綱常，以求斯文不墜之義耳。

清末，朝廷為回應社會變遷，清光緒三十四年（1908）設立禮學館，籌畫國家禮儀制度的改革，配合學校教育、法律制度，期能制定適合國民之禮儀制度，使傳統禮儀制度可以賡續不墜，此亦其應乎民情之措施，曹元忠及張錫恭即為禮學館之主要纂修，曹元弼雖未親預其事，然名列顧問，於修禮過程，多所提議，為曹元忠、張錫恭所參酌。

禮學館修禮之事雖未竟全功，然曹元忠、張錫恭等人藉由儀式修訂以存傳統禮義之作法，實深具時代意義。

拾、劉文淇學術思想與文獻工作

點校《青谿舊屋文集》前　言[1]

一

　　劉文淇字孟瞻，乾隆五十四年（1789）生，咸豐四年（1854）卒，年六十六。先世溧水人，高祖春和始遷揚州，祖畯占籍儀徵，居邗上，築「青谿舊屋」[2]，數世遂定居於此。父錫瑜，以家貧不能卒儒業，乃習賈，夜則誦習醫書，久之會通，問切斷診無疑誤，遂棄賈懸壺，濟貧助急，江淮稱善人焉。母凌孺人，蓋凌曙曉樓之姊也。劉氏先世不以文名，錫瑜公行醫之餘，溫燖經籍、泛覽史冊，記問過人。以幼時失學，今文淇讀書，雖值屢空而不輟也，後遂成儀徵劉氏一家之學。

---

1 出版改作《劉文淇集》，臺北：中央研究院中國文哲研究所，2007年。
2 「谿」刊本或作「溪」，此依原刊字體。原刊中，俗字及異體字，如「答」或作「荅」，本不一致，本書全改作通行正體字。集中不一一注出。

　　文淇年十四，肄業梅花書院，與包世臣、翟慎典、凌曙、包世榮、薛傳均從洪梧問學[3]，凡四年而後設帳授徒。洪梧善賦，工古今體詩，文淇受其沾溉，亦好詩。

　　包世臣自云因曉樓熟習《禮記》，遂與之言鄭氏《禮》，且告之「治經一家必守家法，專治一家，以立其基，則諸家可漸通」[4]。又以劉文淇好詩，使治毛、鄭氏《詩》[5]。劉文淇從包氏言，向友人借得《毛詩正義》，手自繕寫，因啟其疑；其後梳理《左傳正義》疏文之蹐駁違誤，作《左傳舊疏考正》，即緣於此[6]。劉文淇由鈔寫《毛詩正義》，而後依次校勘《十三經注疏》，專注于《左傳》，且宗主賈、服，無所氾濫，蓋實受包氏之影響，及接聞於舅氏凌曙也。

　　嘉慶十三年（1808），文淇年十九，受知於倉場侍郎莫晉，與薛傳均同補博士弟子；十九年（1814），禮部右侍郎王以衛主試揚州，拔置第一等，補廩膳生；二

3　見〈祭洪桐生師文〉本書卷 10，頁 248。包世臣與洪梧殆亦師亦友，《藝舟雙楫・十九弟季懷學詩識小錄序》云：「時洪桐生先生主講梅花書院，善世臣甚，世臣所許可者，輒招入院，膳給之。」李放《皇清書史》稱劉文淇「工書，包安吾弟子」，則劉文淇亦問學於包世臣。

4　見包世臣《藝舟雙楫二・清故國子監生凌君墓表》，《包世臣全集》（合肥：黃山書社，1993 年出版）頁 357。

5　同包世臣〈十九弟季懷學詩識小錄序〉，《藝舟雙楫》二。

6　見〈左傳舊疏考正自序〉，本書卷 5，頁 83。又此書，劉毓崧〈先行考略〉云「凡得二百餘條，釐為八卷」，包慎言則稱：「孟瞻去毛、鄭而治杜氏《春秋》，成《舊疏考證》十二卷，駁　遠五百餘事，穎銳罕儔。」實則此書為八卷一百九十五條，予所見三種刊本均同，目次每卷下均記明條數。

十四年（1819），與劉寶楠、丁晏為相國湯敦甫拔取優貢生。其後屢試不第，至道光十七年（1837），凡十四試。三年後，以父棄養，遂終不復試。其為戴文燦撰墓銘，引戴氏之語曰：「士子讀書，所以求祿仕者，不過博父母歡耳，今二親俱逝，復何至於此耶！」[7]蓋亦舒志自悼之辭也。

　　劉文淇一生之活動，以揚州為中心，除幾度赴試外，足跡幾不出揚，其交遊者，亦多為揚州儒士，前輩如阮元、沈欽韓、黃承吉、包世臣，同輩劉寶楠、梅植之、薛傳均、羅士琳、柳興恩、包慎言、丁晏，晚輩如陳立、方申、薛壽等，觀其文集中收錄之往返書札及唱和詩作，具見諸人篤志向學，氣度質雅，悠遊文林之儒士風範。

二

　　《清史列傳》稱：「文淇犖精古籍，貫串群經，於毛、鄭、賈、孔之書，及宋、元以來通經解誼，博覽冥搜，實事求是。尤肆力於《春秋左氏傳》。」張舜徽述

---

7 〈清故貢士戴君墓誌銘〉，本書卷 10，頁 238。劉文淇於道光十一年作〈別號舍詩〉，序云：「辛卯秋賦，與楚楨同寓金陵，計前後省試已十一次，與楚楨同寓亦五次矣。相約此後閉戶著書，不復應舉，因仿陳亦韓先生作〈別號舍詩〉，索楚楨同作，以堅其約。」（本書卷 11，頁 256）其後仍赴試三次，蓋如戴文燦之言歟！

劉文淇以下四代之學術成就,兼及經學及校勘學[8]。予意此二者之外,應增輿地、方志之學,且劉文淇於此之識見與成就,不下其經學及校讎之業。

　　劉文淇之經學成就,以梳理漢人舊注及南北朝舊疏為主。舊疏部分,成《左傳舊疏考正》一書,餘則發凡起例,其子毓崧續成《周易舊疏考正》、《尚書舊疏考正》二種[9]。舊注則專注於《左傳》,積數十年之心力,草成《左傳舊注疏證長編》八十卷,廣泛蒐輯,審慎論證,手自繕寫,但僅成一卷,其子毓崧、孫壽曾雖賡續從事,亦僅止於襄公五年[10],終未竟全業。今人論及《左傳舊注疏證》之編纂過程,咸以其事起於道光八年(1828)省試時之約。此見於陳立〈劉楚楨先生論語正義序〉,其云:

> 道光戊子秋,立隨劉孟瞻、梅蘊生兩師,劉楚楨、包孟開兩先生赴鄉闈。孟瞻師、楚楨先生病《十

8　見張舜徽《清儒學記》(濟南:齊魯書社,1991年出版)第八揚州學記,己,劉文淇。

9　據《清史列傳》及《續纂揚州府志》,毓崧尚有《毛詩舊疏考正》、《禮記舊疏考正》二種。但據劉師培〈先府君行略〉及梅鉽《青谿舊屋儀徵劉氏五世小記》,則《禮記舊疏考正》為毓崧次子貴曾所作。二書今皆未得見。

10　《清史列傳》:「初,文淇為《左氏春秋長編》,晚年欲編輯成疏,甫得一卷而歿。毓崧思卒其業未果,壽曾乃發憤以繼志述事為任,嚴立課程,孜孜罔懈,至襄公四年而卒。」中國科學院歷史研究所整理出版之《左傳舊注疏證》止於襄公五年,上海古籍出版社《續修四庫全書》收錄《左傳舊注疏證鈔稿》僅至宣公十八年。

> 三經》舊疏多踳駁，欲仿江氏、孫氏《尚書》，
> 邵氏、郝氏《爾雅》，焦氏《孟子》別作疏義。
> 孟瞻師任《左氏傳》，楚楨先生任《論語》，而
> 以《公羊》屬立。[11]

劉恭冕〈論語正義後序〉亦述及此事，云：

> 道光戊子，先君子應省試，與儀徵劉先生文淇、
> 江都梅先生植之、涇包先生慎言、丹徒柳先生興
> 恩、句容陳丈立始為約，各治一經，加以疏證，
> 先君子發策得《論語》。[12]

劉文淇與友人約定一同作諸經新疏，前後多次，道光八年應是最後一次，之後各人分別從事，其中陳立《公羊義疏》及柳興恩《穀梁大義述》獨立完成。劉寶楠《論語正義》在其子劉恭冕手中完成，劉文淇、梅植之、包慎言則未成書。

　　今欲了解劉文淇及諸家新疏所作之緣由，須從清代前期之學風著手。清人以文字音韻為基礎，重視典章制度、名物及地理沿革之考訂與闡釋，既不滿宋、明儒者以義理心性作為闡釋經傳之主要方式，亦不滿意各經《正義》之繁蕪疏漏，從而有新作注釋之志，此顧炎武、惠棟等已啟其緒，江聲、孫星衍等賡續之。劉文淇、劉寶

---

11 亦見陳立《句溪雜著》卷6，
12 見《論語正義》（北京：中華書局，1998年出版）頁797。亦見劉恭冕《廣經室文鈔》（廣雅書局刊本）頁37。

楠等人約定新作疏證之前，焦循、黃承吉亦有相似之約，
黃承吉〈孟子正義序〉：

> 憶一日，在江晉蕃文學齋中，與里堂論及各經
> 疏，《正義》僅宗守傳注一家之說，未能兼綜博
> 采，領是而非無以正，舉一而眾蔑以明，例雖如
> 是，實則未通。乃相邀各執一經，別為正義，以
> 貫串古今異同，蒐網百善，萃為宗都，破孔、賈
> 之藩籬，突徐、楊之門戶。予時以《周官》竊任，
> 而里堂則謂《易》與《孟子》有志焉。[13]

黃承吉與劉文淇素友善，共梅植之、羅士琳、劉寶楠等
文酒之會二十年[14]。書札往還，論問唱和。《周官》新
疏雖未成，然與同好各治一經之事，則為劉文淇與劉寶
楠等人繼承。唯黃承吉與焦循約，焦循以《孟子正義》
名世，黃承吉之《周官》新疏卻成空響；劉文淇與劉寶
楠、梅植之、陳立等約，劉寶楠、陳立之書就，而劉文

---

13 黃承吉《夢陔堂文集》（臺北：文海出版社影印民國 28 年燕京大
學圖書館排印本）卷 5，頁 2。
14 劉文淇〈夢陔堂文集序〉：「吾鄉黃春谷先生，早負重名，與焦里
堂、江鄭堂、鍾保岐、李濱石諸先生聲應氣求，極一時之盛。文淇
童年在家塾中已飫聞之……而先生忽偕梅蘊生過訪，因招同羅茗
香、劉楚楨、王西御、吳熙載、王句生，常集篸園，為文酒之會。
暇又至余館中，縱談今古，輒移晷刻，自癸未至壬寅，歷二十年之
久。是時先生曩日講學諸友，零落殆盡，所常往還者，祇文淇輩六
七人。先生篤忘年之誼，繾綣綢繆，每有所作，輒舉以相示，竊見
先生嗜學之專，有非寒畯所能及者，宜乎所造之深邃也。」（本書
卷 6，頁 130）

淇與梅植之之書歷數世而未成，此其亦有定數乎！然於此可見劉文淇與劉寶楠等相約各治一經之事，雖受黃承吉所啟發，但主要是考據學風下之產物，故其成就亦應從乾嘉學術發展而考察之。

　　李樹桐〈左傳舊注疏證整理後記〉稱劉文淇此書優點有二，缺點有三。優點：一、集《左傳》賈、服注之大成；二、於典章制度等詳盡豐富。缺點：一、凡漢皆好，凡杜皆壞，未為公允；二、羅列材料而不論斷；三、引人名不說書名，引書隨意割裂[15]。楊向奎對凌曙、陳立等著述多否少可，但對此書既稱其「未始非為春秋之功臣」，又謂其「對於後人之治古史者，頗有所助」[16]，可謂盛讚。綜其價值而論之，則透過此書，了解漢注與杜注之不同。楊氏云：

> 通過劉氏疏證，使我們深入一步了解，漢注左傳之不同於杜注者。蓋東漢經學趨於平實，而魏晉乃中國學術思想之轉換時期，由實入虛，由質轉文，於是杜注左傳遂有上列諸失：一、不注重《春秋經》之樸素書法；二、有關史實、禮質之疏忽。

劉文淇原本即欲以《左傳》漢注取代杜注，故楊氏就本書呈現漢注與杜注之差異，論其成就。若考校全書，細

---

15 見北京科學出版社出版之《左傳舊注疏證》頁8。
16 見楊向奎《新編清儒學案‧孟瞻學案》（濟南：齊魯書社，1994年出版）頁465。

推其所徵引之資料及論斷之依據，則除劉文淇所欲彰顯
之舊注價值外，藉此書並可以考察清代前期注釋《左傳》
之綜合成就。劉毓崧〈先考行略〉敘述劉文淇編撰此書
之體例，云：

> 其顧、惠《補注》及洪稚存、焦里堂、沈小宛等
> 人專釋《左氏》之書，以及錢、戴、段、王諸通
> 人，說有可采，咸與登列，未始下以己意，以定
> 其從違。[17]

《左傳舊注疏證》徵引之清儒經說，不僅此數家，而所
徵引，劉文淇亦未全然採信，如引焦循之說，又稱「焦
說似泥」，引李貽德之說，又稱「李說非」[18]。此疏理
未盡，頗見冗雜，即李樹桐〈左傳舊注疏證整理後記〉
所說之缺失。但於此卻可見劉文淇不僅欲疏理舊注而
已，同時是依據清代考據成就以論定漢注與杜注。因此，
書中具體而微呈現清代前期之《左傳》研究成果。且因
資料取捨與編輯在劉文淇生前已草就，故此書同時可以
視作是劉文淇學述觀點之具體呈現。

---

17 劉毓崧《通義堂文集》（劉承幹刊本）卷 6，頁 68。本書附錄，頁
  345。
18 前者隱公六年《傳》「善鄭以勸來者」（頁 40）下，後者見隱公
  七年《傳》「初，戎朝於周」（頁 43）下。

三

　　劉毓崧〈先行考略〉稱其父「釋經之暇，好讀史鑑，於地理之沿革，水道之變遷，尤所醉心」[19]，今考劉文淇輿地之學，主要表現在沿革考訂和地志修訂之體例上。前者有《楚漢諸侯疆域志》三卷及《揚州水道記》四卷二種。後者則實際運用於《儀徵縣志》之纂訂工作上。劉文淇久為阮元賓客，協助其校勘《鎮江府志》，《揚州水道記》則是應李彥章之邀而作[20]。由於校勘編纂能力頗受時人肯定，及其對鄉邦文獻的重視，故劉文淇晚年應儀徵知縣王檢心之聘，任《儀徵縣志》總纂，毓崧為分纂，壽曾、貴曾、富曾皆任校勘工作。

　　劉文淇作《楚漢疆域志》，同時據《史記‧秦楚之際月表》考訂江都之名非始於景帝時，蓋項羽時即已設郡，且為項羽之都。其論云：

> 項羽之都江都，自來方志諸書皆未之及，幸賴〈月表〉有此一語，余故廣引《史》、《漢》諸書，證成其說，似足以為江都最先之故實矣。[21]

劉文淇論定者有二：一為江都之名起於秦、漢之際，非至景帝時而有；二為項羽滅秦封漢時，曾以江都為都。

---

19 見劉毓崧《通義堂文集》卷6，頁68，。本書附錄，頁340。

20 見〈揚州水道記後序〉，本書卷5，頁112。

21 見〈項羽都江都考〉，本書卷4，頁57-62。

阮元甚讚孟瞻此說，並以元刊本《史記索隱》證之[22]。
劉文淇因考訂楚、漢疆域及揚州水道變遷等相關故實，
於歷代江南諸郡之沿革，了然於胸，其〈駁全謝山九郡
答問〉，即以全祖望所考定之項羽九郡有四誤，不足為
據。此可見劉文淇既精於秦、漢之際之天下情勢，復通
江南郡縣之變遷，故其考辨論述精確而深入。黃承吉〈揚
州水道記序〉云：

> 考證著書，莫難於地理。非考證一時地理之難，
> 乃確徵夫古今遷變地理之難也。而水道為尤
> 難。……劉君孟瞻近著《揚州水道記》見示。揚
> 州運河，自瓜州、江口，上溯達淮，北高南下，
> 是為淮水入江久矣。閻百詩《四書釋地》謂水流
> 與前相反，始於隋文帝之開山陽瀆、煬帝之開邗
> 溝，是主於今日之隄道以立言也。孟瞻則考明明
> 以前不獨淮水不能達江，江不能徑達於淮，中間
> 數百里濟運，乃由高郵、寶應諸湖迤邐入淮，至
> 淮水建瓴入江，則在黃水奪淮身高之後，並非自
> 隋已然。[23]

黃承吉指出地理考證之難，在於沿革變化，而劉文淇輿
地之學正長於指出各時變遷之情況，故其所見之精審，
與以考據名家之閻若璩、以經史學名家之全祖望相較，

有過之而無不及。又劉文淇其不僅從事地理沿革考訂，於鄉里水利之事，亦頗關切，〈圩岸公修議〉即指出圩岸私修致使官民交相受其病，必改為公岸公修，方是除弊安業，弭爭息訟之法[24]。

劉文淇醉心於考訂古地理沿革，同時亦參與當時方志修訂，其修纂方志之重要原則，在於融會今古，以今紹古。方其總纂《儀徵縣志》時，致書王檢心論修志之體例，即強調「貴精密而戒疏漏」，主張將所有舊志參互考覈，擇善而從，以擬定新志之體例；而舊志則留存於新志中，以彙刊及續修方式進行。其謂存留舊志有五善：一、存留古志，使並傳不朽；二、詳列各家，逐條核對，得失自見；三、條列各志，無重複遺漏之弊，詳略互見則隨條附注，得其精密；四、以前志為本，剋期可成，免半途而廢之弊；五、其後續修，易於集事，且不以新廢舊[25]。依此原則，新修之儀徵縣志五十卷，僅歷四年即完成。

四

劉毓崧稱其父「精於校讎之事，為人校勘書籍，不啻如己之撰述。搜羅鄉先輩及亡友之書，釀金付刊，汲

---

24 見〈圩岸公修議〉本書卷 3，頁 17。
25 與〈王子涵司馬論修縣志書〉，本書卷 3，頁 51。

汲然願其行世」[26]。此一方面說明劉文淇為人校勘書籍
之敬業態度，一方面說明其藉刊行著述以表彰鄉賢友人
之用心。據文集及相關記載，劉文淇既協助阮元、岑建
功校刻《嘉定鎮江志》及《舊唐書》、《輿地紀勝》外，
又受聘校刻朱彬《禮記訓纂》。其本人更出資刊行亡友
薛傳均《閩遊草》一卷及鄉賢戴清之著述二卷。

　　因劉文淇長期協助阮、岑從事校勘及編訂工作，故
於編輯校勘之事，亦多所體會，其〈宋元鎮江志校勘紀
序〉即指出校刻古書之難及校刻時應注意之事。大抵而
言，宋、元刊本及影刊本可據以付梓，傳鈔本則多不可
信。其論云：

> 校刻古書難矣，而展轉傳抄之書，則校刻尤難。
> 是故宋、元槧本及影宋抄本，皆可據原書付梓，
> 間有訛誤，著於別錄而不必改易舊文。至於傳抄
> 之書，脫文錯簡，往往而是，若不刊謬正訛，則
> 其書幾不可讀。亦憾事也。[27]

　　其下則指出《永樂大典》本《鎮江志》之訛誤錯簡，
正文子目混淆不清，蓋皆因於校勘不精之故。因此，對
於新修方志文字差異之取捨，劉文淇主張仿宋彭叔夏
《文苑英華辨證》之體例，即「實屬承訛，在所當改；
別有依據，不可妄改；義可兩存，不必遽改」可見其在

---

26 見劉毓崧《通義堂文集》卷 6，頁 69。本書附錄。頁 343。
27 見〈宋元鎮江志校勘記序〉，本書卷 5，頁 110。

校訂古書上，重視古本而不盲從，改正譌誤，義不容辭，
有別於板本鑑賞家凡古必好之態度。若文字內容別有據
依、義可兩存，則尊重原書，又可免流於強悍自矜之弊。
劉文淇將此校 原則廣泛應用於編纂及校刊著述上，其
〈揚州水道記後序〉自述修撰之經過，云：

> 丙申之春，李蘭卿先生升任山東都轉，留揚候
> 代，邀余與吳君熙載至榷署，纂《揚州水道記》。
> 余與吳君商訂凡例……都轉盡出藏書，及河工官
> 牘，有涉于揚州河事者，皆筆記之。凡三閱月，
> 檢書幾及萬卷，方事編輯，而都轉遽歸道山，斯
> 事遂寢。去歲閒居多暇，乃發篋，檢舊稿閱之。
> 28

其先廣泛蒐集揚州水道之相關著述， 為著錄，再校勘
內容及文字之異同，而後擬定綱目，從事編纂工作。其
編纂過程中，非僅注重文字之差異訛誤，更重視內容之
不同，在《嘉定鎮江志》及《輿地紀勝》之校勘記中，
更可見其校讎原則及精審細密之態度。

五

　　劉文淇以考訂《左傳》舊注、舊疏及方志校讎名著
當代，然不以文名。劉毓崧稱父「為文淳茂典實，大抵

---

28 青谿舊屋文集卷五。

有關於經史同異、金石源流以及表微闡幽之作居多。偶有吟詠，亦意存寄托，不為空泛之詞」。[29]今傳《青谿舊屋集》十一卷，為劉貴曾兄弟於光緒九年（1885）輯刊，其中文集十卷，詩集一卷。卷一至十為文，計八十七篇[30]，十一卷為詩，二十四首，並附友朋和詩若干首。綜觀其內容，大抵如劉毓崧所云，以經史考據為主，論述態度實事求是。內容除碑傳外，尤以禮制與地理水道之論述為重。詩則多友朋勸勉應和之作，而遇其感事託志，隱抒拓落之情。

　　劉文淇既精於《禮》、《春秋》及方志地理、斠讎之業，其文集中，自見相關之考訂，如〈既殯後復服殯說〉、〈與王子涵司馬論修縣志書〉、〈駁全謝山九郡答問〉及〈圩岸公修議〉等，皆見其經思卓議。然值得特為闡述者，則是其文中所寓表彰賢行忠節之心，〈李松谿先生研錄軒詩集書後〉云：「孝友循良之儒，其蘊于性情而措諸踐履者，本原深厚，由是發為詩歌，即涉學稍淺，人猶將重其人而寶其詩。」[31]基於此，故其文集中，或稱賢官廉吏，如〈送李方赤太守序〉，或記鄉賢貧士之行誼，如方申、汪穀、薛傳均之傳記，或表彰

---

29 見劉毓崧〈先考行略〉，《通義堂文集》卷6，頁680。本書附錄頁340。
30 卷一為賦、贊，卷二為議、說、記，卷三為書，卷四為考、答問、圖序，卷五、六為序，卷七為書後、跋，卷八為傳，卷九為墓表、墓碣，卷十為墓銘、行略、祭文。
31 本書卷7，頁157。

孝女貞烈之節操，如鮑孝女、周烈女、吳烈婦之傳記，其云「禁樵牧，飭厲禁，守土之責也；勒貞石，揚芳徽，鄉人之志也」[32]。正見其表彰鄉賢孝女之用心。而其表彰，多於微行細處見之，如代撰汪喜孫墓表，特書其冒雨護河、救災濟難之事，而不以著述相尚。劉文淇正如其所云「蘊于性情而措諸踐履」者，故其詩文之可寶可重也。今詳味其詩文，自能體會之。

六

劉文淇之著述，據劉毓崧〈先考行略〉，有《左傳舊注疏證》長編已具，成書八十卷、《左傳舊疏考正》二百餘條，釐為八卷、《楚漢諸侯疆域志》含項羽王九郡一卷、十八王分地考二卷、《揚州水道記》四卷、《讀書隨筆》二十卷、《青谿舊屋文集》十卷、《詩集》一卷。以上七種，《讀書隨筆》未見，應僅是箚記性質，未擬為刊行者[33]。除以上諸書外，劉文淇著述成書者，尚有《尚書傳疏大意》一卷，稿本精鈔，擬付刊刻，惟

32　〈烈女劉氏墓碣〉，本書卷 9，頁 230。

33　梁啟超《清代學術概論》十七：「大抵當時好學之士，每人必置一『箚記冊子』，每讀書有心得則記之。蓋清學祖顧炎武，而炎武精神傳於後者，在其《日知錄》……推原箚記之性質，本非著書，不過儲著書之資料……」（頁 45）劉文淇、劉毓崧、劉壽曾均有讀書筆記若干卷，疑皆為此類性質，非成書者也。

力不所不及，遂措其事。[34]《藝蘭記》一卷、[35]《蕭氏旌孝錄》一卷[36]。此外總纂《重修儀徵縣志》五十卷，校勘《舊唐書》[37]、《嘉定鎮江志》[38]、《輿地紀勝》等三書，並作校勘記若干卷。另《揚州府志》著錄其有《揚城殉難記》一種[39]，小澤文四郎《劉孟瞻年譜》著錄《運河考》[40]等書，及《江蘇藝文志》著錄劉文淇批校跋語之《周易本義》、《經義知新記》等書，今俱未得見，孤存其目，以待訪求。

　　劉氏四世治一經，闡述孔子《春秋》之業，表彰賈、服，糾舉杜、孔，久為學林所肯定。劉文淇之學養懿行亦備為時人所讚頌，今閱其詩文，可以想見其人其學之寬厚篤實，鄉閭名儒之諡[41]，非過譽之詞也。鄙人才疏學淺，有志於《春秋》學之探討，頗受劉文淇《左傳舊疏考正》、《左傳舊注疏證》二書之啟發。茲將其《青谿舊屋集》點校出版，冀能廣傳其說，以誌感懷之意。

---

34 見《尚書序傳疏大意》跋語，未刊，抄本藏揚州圖館。
35 《美術叢書》據劉文淇手寫本刊行，見書前標題下語。
36 《江蘇藝文志》著錄，道光年間刻本。
37 《舊唐書》為劉文淇父子與羅士琳、陳立同校訂，凡例為劉文淇、羅士琳同定，目錄下注明校訂者。
38 《校勘記》二卷，劉文淇父子同撰，
39 見《續纂揚州府志》卷22，云與吳熙載合撰，亦見《江蘇藝文志》頁528。
40 《運河考》原為《揚州水道記》中涉及運河及兩岸工程部分。見〈揚州水道記後序〉。
41 黃承吉〈致劉孟瞻書〉，見本書附錄，頁368。

　　茲所收錄，除《青谿舊屋文集》及其內含詩集一卷外，餘為四部分：一為增補，包含文集未收詩文及《楚漢諸侯疆域志》、《藝蘭記》二書；二為劉文淇之傳記資料，另附劉文淇雙親之碑傳於此。三為友朋致劉文淇書札，以作為劉文淇文集中書札之對照參考。四為劉文淇各書序跋及提要等資料。劉文淇所作序跋散見於他家著述者，茲取以互校，然仍以文集為本。劉文淇諸書校勘記中，多寓個人修纂史志、校訂舊籍之見，時有新創，本擬一併收入，以其尚須與原書相參，故暫置之。若他日得編訂《劉文淇全集》或《儀徵劉氏全集》，則當一併整理。

餘　論

中晚清禮學之時代意義

綜觀明清以降之經學及現代學術之形成，不難發現，晚清實居轉折關鍵，在傳統與西化之間，學者一方面闡發國粹以抗西學，一方面又以西學整理國學，企圖藉整理國故之名，對傳統思想中之政治制度及禮儀規範作一番改變。

晚清之後學者面對國家覆亡衰敗之危機，學者思考救亡圖存之塗，激進者或主張變法，或主張革命；而部分學者則企圖從傳統學術中思考如何求得安民治國之道，故深入研究維持社會秩序之傳統禮制，分析其價值及得失，作為社會改革依據。代表人物，如曾國藩、郭嵩燾、俞樾、黃以周、張之洞、孫詒讓、張錫恭、章炳麟、曹元弼、劉師培等人，各家著述之詮釋方式，雖亦見乾嘉考據之風，但大多兼綜三《禮》而立論，契合當時政治局勢演變及社會發展需要。

晚清學者對傳統經學之論述與反省，實即是思考作為維持社會秩序之傳統文化及其核心價值。當時學者之

論述，明顯不同於乾嘉時期學者專注於名物制度論述，及禮儀形式之考訂；亦不同於民國以來受西方學術之影響之學者，以宗教學之角度，考察傳統禮儀制度中隱含之象徵意義。就此而論，晚清學者之禮學論述，是傳統學者在熟習禮儀及名物制度後，闡釋傳統禮文制度之精義，同時對自身文化之深刻反省，並觀察當時之政治社會環境，提出禮儀制度改革之觀點。

因晚清政治學術與現代中國關係密切，故晚清之各方面，向來即是近代史研究之重心，其中又以晚清之政治局勢為要，論述範圍包含變法、洋務及新式教育等等，據此而擴充，則兼及社會習俗及宗教等相關問題之研究。而屬於經學之論題，則集中在當時公羊學在政治變革中之作用，因此龔自珍、康有為、廖平等各家是論述重心。不僅相關經學史論述如此，學位論文及見諸期刊之論述，亦是如此，然《春秋》禮制與曆法等與現在學術關係密切者，實更具時代意義。

孫詒讓及劉師培注釋《禮》，皆寓其政治改革主張於其中，郭嵩燾、黃以周、俞樾、章太炎、曹元弼等各家禮學論著，亦有相同蘊義，然今之學位論文或學術論文，亦未見據以為題之論述，可見晚清學者之禮學思想，在今仍有研究闡發之必要。

若不專就晚清學者之禮學著述而論，張壽安《以禮代理——凌廷堪與清中葉儒學思想之轉變》及《禮學考證的思想活力——禮教論爭與禮秩重省》二書，是當今

針對清代禮學之重要著作。前書闡明清代中葉以後，禮
學成為經學研究之重心，學者關注之論題，亦從考論古
代禮儀制度擴及社會秩序及社會風氣，此說不啻為晚清
禮學研究指出明徑。又其後著，關注在人倫情理之禮義
論述，範圍從明清之際至晚清，主旨明確，申論深入，
對於清代禮學之重要論題，皆有開拓之意義。

　　晚清既是傳統與現代之交界，在社會習俗及教育制
度上，亦處於傳統學術與西方學術交會衝突之勢，其中
士人之應變方式，頗值得探究，故今人論述晚清，亦多
從此著手，如鄭師渠《國粹、國學、國魂-晚清國粹派文
化思想研究》、孫燕京《晚清社會風尚研究》、喻大華
《晚清文化保守思潮研究》、高翔《近代的初曙——十
八世紀中國觀念變遷與社會發展》，以上四種均以晚清
之社會文化作為論述重心，故其中頗多涉及傳統禮制及
道德倫理觀念之論述。各家論述重心雖各有不同，其共
同之缺失則在於缺乏傳統禮學思想之基礎，對於晚清學
者作為社會改革依據之禮學，未能深入理解，故其對當
時社會現象之研究，頗見深入之見解，但對於當時學者
透過禮制儀文之闡釋，及倫理學相關論述所倡導之人倫
道德觀念，則皆忽略其意義。

　　除以傳統禮學及社會文化作為論述重心之著作外，
以晚清政治思想及中西文化為論述主題者,如王爾敏《晚
清政治思想史論》、薛化元《晚清中體西用思想論
（1861-1900）》、孫廣德《晚清傳統與西化的爭論》、

桑兵《晚清學堂與社會變遷》等各書，亦與晚清學者之禮學思想相關，唯其論述重心不在禮制儀文及倫理道德等文化議題，而強調此論題在當時政治上之作用。

　　晚清學者之禮學，在傳統學術之研究上，已屬尾聲。然其對傳統禮文制度之闡釋，及將其觀點轉換為現代倫理觀念，有其深刻之意義，亦有其深遠之影響。上個世紀以前因相關資料不易得見，故研究論述尚少，現今隨著《續修四庫全書》及各種清代叢刊出版，晚清資料大量出現，為此提供有利之研究條件，未來此領域之相關論述，頗可期待。

徵引文獻舉要

（按作者姓氏筆畫爲序）

上海市松江縣地方史志編纂委員會：《松江縣志》，上海：上海人民出版社，1991 年。

王大隆：〈吳縣曹先生行狀〉，原稿，藏上海圖書館。

王長志：《周禮注疏刪翼》，《文淵閣四庫全書》冊 98，臺北：臺灣商務印書館，1988 年。

王家儉：〈清代禮學的復興與經世禮學思想的流變〉，《漢學研究》24 卷 1 期（248），2006 年 6 月王興國：《郭嵩燾評傳》，南京：南京大學出版社，1998 年。

王曉天、胥亞主編：《郭嵩燾與近代中國對外開放》，長沙：岳麓書社，2000 年。

王韜：《春秋日蝕辨正》，《續修四庫全書》冊 148，上海：上海古籍出版社，2002 年。

王韜：《春秋朔閏日至考》，《續修四庫全書》冊 148，上海：上海古籍出版社，2002 年。

方苞：《方望溪全集》，臺北：文海出版社，1970 年。

方東樹：《漢學商兌》，北京：三聯書店，1998 年。

毛奇齡：《春秋傳》，《皇清經解》本，臺北：藝文印
　　書館，1986 年。

中國第一歷史檔案館：《中國第一歷史檔案館藏清代官
　　員履歷檔案全編》，上海：華東師範大學出版社，
　　1997 年。

包世臣：《包世臣全集》，合肥：黃山書社，1993 年，

支偉成：《清代樸學大師列傳》，臺北：藝文印書館，
　　1970 年。

孔穎達：《左傳正義》，李學勤主編《十三經注疏》整
　　理本，臺北：臺灣古籍出版公司，2001 年。

孔穎達：《禮記正義》，李學勤主編《十三經注疏》整
　　理本，臺北：臺灣古籍出版公司，2001 年。

皮錫瑞：《經學通論》，臺北：臺灣商務印書館，1989
　　年。

朱壽朋：《光緒朝東華錄》，北京：中華書局，1961 年。

沈欽韓：《幼學堂文稿》，《續修四庫全書》冊 1498，
　　上海：上海古籍出版社，1995 年。

沈欽韓：《左傳補注》，《叢書集成初編》本，北京：
　　中華書局，1985 年

祁龍威、林慶彰：《清代揚州學術研究》，臺北：臺灣
　　學生書局，2001 年。

李放：《皇清書史》，臺北：明文書局，1985 年。

李光地：《榕村語錄》、《榕村續語錄》，北京：中華
　　書局，1995 年。

呂實強：《王韜》，臺北：臺灣商務印書館，1978 年。

永瑢：《四庫全書總目》，影印文淵閣刊本，臺北：臺灣商務印書館，1985。

林慶彰：《清初的群經辨偽學》，臺北：文津出版社，1990 年。

林存陽：《清初三禮學》，北京：社會科學出版社，2002年。

林耀曾：《周禮賦稅考》，臺北：學海出版社，1977 年。

徐世昌：《清儒學案》，北京：中華書局，2009 年。

徐彥：《春秋公羊傳注疏》，李學勤主編《十三經注疏》整理本，臺北：臺灣古籍出版公司，2001 年。

班固：《漢書》，北京：中華書局，1962 年。

凌廷堪：《禮經釋例》，彭林點校本，臺北：中央研究院中國文哲研究所出版，2002 年。

柳興恩：《穀梁大義述》，《皇清經解續編春秋類彙編》本，臺北：藝文印書館，1986 年。

馬大文、陳堅：《清代經學圖鑒》，北京：國際文化公司，1998 年。

柴慶翔：〈遺老舊事〉，《蘇州雜志》2001 年 5 期，總第 78 期，2001 年 10 月。

陸寶千：《郭嵩燾先生年譜補正及補遺》，臺北：中央研究院近代史研究所，2005 年。

郭廷以編定：《郭嵩燾先生年譜》，臺北：中央研究院近代史研究所，1971 年。

郭嵩燾：《玉池老人自敘》，臺北：文海書局影印光緒
　　十九年（1893）養知書屋刊本，1961 年。

郭嵩燾：《養知書屋文集》，《續修四庫全書》冊 1547，
　　上海：上海古籍出版社，2002 年。

郭嵩燾：《郭嵩燾詩文集》，長沙：岳麓書社，1984 年。

郭嵩燾：《使西紀程》（《郭嵩燾使西記六種》），北
　　京：三聯書店，1998 年。

郭嵩燾：《倫敦與巴黎日記》（節選，《郭嵩燾使西記
　　六種》），北京：三聯書店，1998 年。

張廷玉：《明史》，北京：中華書局，1987 年。

張鑒：《阮元年譜》，北京：中華書局，1995 年。

張錫恭：《茹荼軒文集》，華亭封氏簣進齋刊本，1923
　　年。

張錫恭：《茹荼軒續集》（《雲間兩徵君集》本），1949
　　年。

張錫恭：《喪服鄭氏學》，《續修四庫全書》冊 96，上
　　海：上海古籍出版社，2002 年。

張錫恭：《禮經大義》（《庚辰叢編》本）臺北：世界
　　書局，1976 年。

張舜徽：《清儒學記》，濟南：齊魯書社，1991 年。

張舜徽：《清人文集別錄》，北京：中華書局，1963 年。

許珩：《周禮經注節鈔》，《四庫未收書輯刊》冊 8，
　　北京書局，2000 年。

許珩：《周禮經注獻疑》，《四庫未收書輯刊》冊 8，
　　北京書局，2000 年。

陳瑞庚：《王制著成之時代及其制度與周禮之異同》，
　　臺北：嘉新水泥文化基金會，1972 年。

揚州師院學報編輯部、古籍整理研究室編：《州學派研
　　究》，揚州：揚州師院學報編輯部，1987 年。

趙爾巽：《清史稿》，北京：中華書局，1977 年。

趙航：《揚州學派新論》，南京：江蘇文藝出版社，1991
　　年。

梁啟超：《中國近三百年學術史》，臺北：臺灣中華書
　　局，1987 年。

梁啟超：《近代學風之地理分布》，臺北：臺灣中華書
　　局，1987 年。

葉國良：《宋人疑經改經考》，臺北：臺灣大學文史叢
　　刊，1980 年。

曹元忠：《箋經室遺集》，《清代詩文集彙編》，上海：
　　上海古籍出版社，2009 年。

曹元忠：《禮議》，《叢書集成續編》，臺北：新文豐
　　出版公司，1991 年。

曹元弼：《禮經校釋》，《續修四庫全書》冊 94，上海：
　　上海古籍出版社，2002 年。

曹元弼：《經學文鈔》，原刊本，1917 年。

曹元弼：《復禮堂文集》，臺北：文史哲出版社，1973
　　年。

曹元弼：《禮經學》，《續修四庫全書》冊 94，上海：
　　上海古籍出版社，2002 年。

漆永祥：《乾嘉考據學研究》，北京：中國社會科學出
　　版社，1998 年。

楊士勛：《春秋穀梁傳注疏》，李學勤主編《十三經注
　　疏》整理本，臺北：臺灣古籍出版公司，2001 年。

楊向奎：《新編清儒學案》，濟南：齊魯書社，1994 年

楊伯峻：《春秋左傳注》，北京：中華書局，1981 年。

廖平：《廖平學術論著選集（一）》，成都：巴蜀書社，
　　1989 年。

劉文淇：《春秋左氏傳舊注疏證》，北京：科學出版社，
　　1959 年。

劉蓉：《養晦堂文集》，臺北：文海出版社，1972 年。

劉師培：《劉申叔遺書》，南京：江蘇古籍出版社，1997
　　年。

劉恭冕：《廣經室文鈔》，《叢書集成續編》，臺北：
　　新文豐出版公司，1989 年。

劉毓崧：《通義堂文集》，南林劉氏求恕齋刊，1920 年。

劉寶楠：《論語正義》，北京：中華書局，1998 年。

劉壽曾：《劉壽曾集》，臺北：中央研究院中國文哲研
　　究所籌備處，2001 年。

劉壽林、萬仁元、王玉文、孔慶泰：《民國職官年表》，
　　北京：中華書局，1995 年。

黎靖德：《朱子語類》，王星賢點校本，北京：中華書局，1986 年。

賴貴三：〈清代乾嘉揚州學派經學研究的成果與貢獻〉，《漢學研究》第 19 卷 4 期，總第 76 期，2000 年 11 月。

鍾碧蓉、孫彩霞：《民國人物碑傳集》，成都：四川人民出版社，1997 年。

錢仲聯：《廣清碑傳集》，蘇州：蘇州大學出版社，1999 年。

錢同壽《待烹生文集》，《雲間兩徵君集》本，1949 年。

錢實甫：《清季新設職官年表》，北京：中華書局，1977 年。

錢實甫：《清代職官年表》，北京：中華書局，1980 年。

賈公彥：《周禮注疏》，李學勤主編《十三經注疏》整理本，臺北：臺灣古籍出版公司，2001 年。

賈公彥：《儀禮注疏》，李學勤主編《十三經注疏》整理本，臺北：臺灣古籍出版公司，2001 年。

黃承吉：《夢陔堂文集》，臺北：文海出版社影印 1939 年燕京大學圖書館排印本。

黃愛平：〈清代漢學流派析論〉，《清代揚州學術研究》上冊。臺北：臺灣學生書局，2001 年。

謝巍：《中國近代人物年譜考錄》，北京：中華書局，1992 年。

謝巍：《清史列傳》，北京：中華書局，1997 年。